Die besten Tipps der Kochprofis

Die besten Tipps der Kochprofis

garant

Impressum

Konzeption, Layout und Produktion:
Budde Medien, Dortmund
Texte: Alexandra Sgro
ISBN 978-3-8676-6472-1

Erfahren Sie mehr!

Vorwort

Liebe Leserin, lieber Leser,

mit diesem reich illustrierten Ratgeber wollen wir Ihnen wertvolle Anregungen für Ihr Kochvergnügen geben. Wir haben den Wissensschatz aus Großmutters Küche ebenso zusammengetragen wie nützliche Tipps und Tricks aus dem Alltag erfahrener Kochprofis.

Das Buch ist systematisch gegliedert. Jedes Kapitel ist in sich abgeschlossen, sodass Sie nicht alles lesen müssen, sondern auch gezielt auf einzelne Informationen zugreifen können. Sie erfahren die wichtigsten Details über Einkauf und Lagerung, Küchengeräte und Zubehör, Fleisch, Fisch, Gemüse und Salate sowie Vorspeisen, Hauptgang, Desserts und Getränke.

In allen Kapiteln finden Sie ausgewählte Rezeptvorschläge zum Nachkochen und als Krönung zum Schluss ein komplettes Drei-Gänge-Menü.

Wir geben Ihnen praktische Tipps, wie Sie aus einfachen Zutaten sowie Resten leckere Gerichte zubereiten können und wie Sie kleine Missgeschicke in der Küche verhindern bzw. abmildern.

Ein Glossar am Ende des Buches (S. 150 f.) fasst in alphabetischer Reihenfolge die wichtigsten Informationen noch einmal zusammen.

Wir wünschen Ihnen viel Spaß beim Kochen und allseits guten Appetit!

Die Redaktion

Inhalt

Halb & Halb

1. Einkauf & Lagerung

Kochen beginnt bereits mit dem Einkaufen der Zutaten, denn die Frische der Produkte entscheidet über die Qualität und den Geschmack des Gerichts. Wie die verschiedenen Lebensmittel richtig gelagert werden, damit sie auch noch Tage nach dem Einkaufen frisch und knackig schmecken und nicht die Gerüche anderer Nahrungsmittel annehmen, erfahren Sie ebenfalls in diesem Kapitel.

Den Einkauf gut vorbereiten

Bevor Sie mit Ihrer Einkaufstour starten, empfiehlt es sich, vorab genau zu notieren, welche Zutaten Sie für ein bestimmtes Gericht benötigen. Am besten stellen Sie gleich einen detaillierten Menüplan für die gesamte Woche auf und kaufen dementsprechend die Produkte ein. Dies strukturiert den Einkauf und erspart Ihnen beim Zusammensuchen der einzelnen Lebensmittel eine Menge Zeit.

Grundnahrungsmittel, die immer wieder benötigt werden, z. B. Mehl, Zucker, Reis und Nudeln, sollten auf keiner Einkaufsliste fehlen. Auch Würzmittel wie kalt gepresste Öle, Senf, Salz, Pfeffer und Essig sollten immer im Haus sein. Damit Tiefkühlware auf dem Nachhauseweg nicht antaut, sollten Sie stets eine Kühltasche parat haben. Sie sorgt dafür, dass die Kühlkette nicht unterbrochen wird und sich keine Keime ausbreiten können.

Einkaufsplanung

Frisch oder überlagert?

Halten Sie stets nach loser Ware Ausschau, denn Sie können sie direkt auf weniger schöne Druckstellen untersuchen. Bei verpackter Ware wird es schwieriger, unansehnliche oder verdorbene Exemplare auf Anhieb zu identifizieren. Vor allem Früchte wie Erdbeeren, Himbeeren und Heidelbeeren sollten nicht in einer verpackten Schale gekauft werden. Nehmen Sie stattdessen ein kleines Körbchen oder ein Sieb mit zum Marktstand und transportieren Sie die Früchte darin nach Hause. So werden sie nicht zerdrückt und weichen nicht durch. Anhand von welkem Grünzeug wird schnell ersichtlich, dass das vorliegende Gemüse nicht mehr allzu frisch und knackig ist. Schuld daran ist meist eine Überlagerung des Bestandes. Auch die Blätter einzelner Gemüsesorten geben Auskunft darüber, ob die Ware erst vor Kurzem geerntet wurde oder bereits seit mehreren Tagen dort lagert. So verfügen z. B. Artischocken über einen geschlossenen Blütenkopf, ihre Blätter sind zart, der Stiel ist weich. Ältere Artischocken weisen hingegen meist braune Spitzen sowie abstehende Schuppen auf. Als Faustregel gilt daher: Sind bei den einzelnen Gemüsesorten die Blätter, Köpfe, Stauden sowie der Strunk fest geschlossen, so handelt es sich in der Regel um frische Ware.

Frische Erdbeeren

Artischocken

Bräunliche Verfärbungen der Blätter oder Stauden sind dagegen ein Zeichen für Überlagerung.

Auch frisches Obst ist häufig am Äußeren zu erkennen. Die Farbe der Haut leuchtet besonders kräftig und glänzt. Dies ist z. B. bei Erdbeeren, Datteln oder Kirschen der Fall. Zugleich ist die Schale besonders glatt. Eine Ausnahme bilden Passionsfrüchte, die eine schrumpelige Haut aufweisen. Es ist ein natürlicher Vorgang während des Nachreifeprozesses und garantiert, dass das Obst süßlich schmeckt. Größere Obstsorten wie Grapefruit, Ananas und Orangen liegen wegen ihres hohen Saftanteils schwer in der Hand, wenn sie frisch sind. Da bei der Lagerung Gase entweichen, werden sie mit der Zeit leichter.

Tipp

Unreife Äpfel

Falls Sie versehentlich unreife Äpfel gekauft haben sollten, legen Sie sie mit einigen Tomaten in eine Schüssel und decken sie ab. In Tomaten ist Ethylengas enthalten, das Einfluss auf den Reifevorgang nimmt.

Kokosnuss und Wassermelone

Reife Kokosnüsse lassen sich mit einem einfachen Trick ausfindig machen: Die Kokosnuss einfach ans Ohr halten und ein wenig schütteln. Ist noch genügend Kokoswasser vorhanden und die Kokosnuss zudem relativ frisch, so ist dies leicht zu hören. Das Kokoswasser schwappt hin und her. Bei älteren Exemplaren ist das Kokoswasser hingegen meist eingetrocknet. Das Fruchtfleisch ist nicht mehr genießbar, da es spröde ist. Auch bei Wassermelonen ist auf das Gehör Verlass. Sofern beim Klopfen auf die Melone ein hohler Klang ertönt, können Sie davon ausgehen, dass sie

Verschiedene Melonensorten

vollständig ausgereift ist. Frische Honig- und Netzmelonen lassen sich auch am Geruch ausmachen. Die Schale der Cantaloupemelonen sagt ebenfalls viel über den Reifegrad aus: Weist sie eine gleichmäßige Warzenstruktur auf, steht dem Genuss nichts im Wege. Lässt sich zugleich am Stiel ein Riss in Form eines Halbkreises ausmachen, so ist dies ein gutes Zeichen.

Augen auf beim Fischkauf

Vor allem beim Fischkauf sollte große Aufmerksamkeit an den Tag gelegt werden, denn es gilt einige Merkmale zu beachten, die dafür Sorge tragen, dass frische Ware in Ihrem Einkaufskorb landet.

Thunfischmedaillons

Frischer Fisch verfügt über rote Kiemen, die auf keinen Fall verklebt sein sollten. Zugleich leuchtet die Haut und ist noch angenehm feucht. Generell ist frischer Fisch sehr kompakt. So ist sein Fleisch besonders fest, die Schuppen liegen dicht am Körper und sind nicht ausgefallen. Bei leichter Druckausübung sollten beim vorliegenden Exemplar keine Druckstellen zurückbleiben. Verlassen Sie sich zudem auf Ihren Geruchssinn, denn frischer Fisch sollte niemals penetrant oder auffällig nach Fisch riechen. Falls es doch so sein sollte, hat häufig bereits die Zersetzung angefangen.

Doradenfilet

Dem Fisch sollte ein neutraler Duft anhaften. Besonderes Interesse sollte den Augen des Fisches gelten: Sollten sie deutlich eingefallen sein, so hat der Fisch bereits eine längere Lagerzeit hinter sich. Falls Sie Forellen nach dem Einkaufen nicht direkt verarbeiten können, lässt sich anhand eines einfachen Tests schnell feststellen, ob sie noch frisch sind. Geben Sie die Forellen in etwas heißes Wasser. Wenn sich die Fische ein wenig krümmen, können sie ohne zu zögern gegessen werden. Bei Fischfilets schauen Sie am besten auf die Haut, die glänzend und frei von Druckstellen sein sollte.

Speisefische

Fleischfarbe überprüfen

Bei Fleisch lohnt ein genauer Blick auf die Farbe des Stücks, die bei frischen Exemplaren kräftig ausfallen sollte. Bedenken Sie jedoch, dass nicht für alle Fleischsorten die gleiche Farbregel gilt.

So sollte das Fleisch eines Lamms hellrot bis rot sein und eine leichte Fettmarmorierung aufweisen. Geflügel ist dagegen meist rosafarben. Das Fleisch ist besonders prall und sollte keine Druckstellen oder eine schmierig wirkende Oberfläche aufweisen. Frisches Rindfleisch ist dunkelrot, während Schweinefleisch eher mit einem rosa bis hellglänzenden Farbton aufwartet. Auf einen mittel- bis dunkelroten Anstrich sollten Sie bei Rehfleisch achten. Allen Fleischsorten ist gemeinsam, dass blasse Farben Kennzeichen für altes Fleisch sind.

Lammkarree

Auch die Fasern geben Aufschluss über die Frische des Stücks. Sollte die Zahl der groben Fasern auffällig groß sein, sollten Sie die Ware nicht kaufen, denn dann ist das Fleisch meist nicht mehr zart. Einige grobe Fasern sind jedoch völlig in Ordnung, denn sie sorgen dafür, dass das Fleisch nicht in sich zusammenfällt, sondern es schön fest bleibt.

Rindfleisch

Ein weiteres Indiz für weiches Fleisch ist die Marmorierung. Anhand der Fetteinlagerungen, die sich wie Adern durch das Fleisch schlängeln, kann abgelesen werden, wie zart das Fleisch ist. Auffällig fein marmorierte Stücke sind besonders saftig und schmecken vorzüglich, da im Fett zahlreiche Aromastoffe enthalten sind, die beim Kochvorgang freigesetzt werden.

Wie beim Fisch sollte ein frisches Stück Fleisch auf keinen Fall unangenehm riechen. Auch hier verspricht ein neutraler Geruch Frische. Achten Sie beim Kauf auch darauf, ob das Fleischstück bereits Saft absondert. Falls dies der Fall sein sollte, greifen Sie zu einer anderen Packung oder weisen Sie den Metzger darauf hin, denn die Anschnittstelle sollte stets trocken sein. Bei dem Datum, mit dem zahlreiche leicht verderbliche Lebensmittel wie rohes Hackfleisch, Fisch oder Geflügel versehen sind, handelt es sich um ein Verbrauchs- und nicht um ein Mindesthaltbarkeitsdatum. Nach diesem Datum darf das Lebensmittel nicht mehr verkauft werden, da sich auf der Ware schnell Schimmelpilze und Bakterien verbreiten können. Der Verzehr kann gefährliche Folgen für die Gesundheit haben.

Côte de boeuf

Bei Produkten mit Mindesthaltbarkeitsdatum ist dies jedoch nicht der Fall. Sie müssen nur bis zu diesem Tag die für sie typischen Eigenschaften, z. B. Geschmack, aufweisen können.

Verschiedene Fleischsorten

Obst und Gemüse beißen sich

Bei der Lagerung von Lebensmitteln gibt es viel zu beachten, denn nicht jedes Produkt verträgt sich mit anderen. So nimmt Kaffee z. B. schnell den Duft von geruchsintensiven Lebensmitteln an. Aus diesem Grund sollte er nicht neben Käse aufbewahrt werden. Äpfel vertragen sich hingegen nicht mit frischen Bananen, da sie Ethylengas verströmen und auf diese Weise den Reifeprozess befördern. Auch andere Obstsorten strahlen das Gas aus, u. a. Nektarinen, Aprikosen, Pfirsiche, Avocados und Pflaumen. Gleiches gilt für Tomaten. Anfällig für diesen Prozess sind besonders Kohl, Kiwis, Mangos und Brokkoli. Zwiebeln sowie rohe Eier sollten nicht nebeneinandergelegt werden, denn die Eier nehmen schnell den Geruch der Zwiebeln an. Dies ist besonders dann der Fall, wenn die Zwiebel bereits aufgeschnitten wurde. Der Duft gelangt über die Poren der Schale direkt in das Ei. Lauch zählt ebenfalls zu den Gemüsesorten, die ihren Geruch auf andere Nahrungsmittel, z. B. Blumenkohl und Butter, übertragen.

Es empfiehlt sich, den Kühlschrank mit einem getrennten Gemüsefach auszustatten, denn Obst und Gemüse sollten nicht in einem gemeinsamen Fach gelagert werden, da Gemüse nicht nachreift. Wird es jedoch dem Ethylengas des Obstes ausgesetzt, wird es schnell faul. In den Kühlschrank sollte das Obst oder Gemüse lose oder aber in Plastiktüten mit Lö-

Tipp

Nachreifen
Nutzen Sie die Eigenschaften von Ethylengas ausscheidendem Obst aus und lassen Sie auf diese Weise Tomaten und Auberginen nachreifen.

chern gelegt werden, denn einige Sorten verlangen nach einer hohen Luftfeuchtigkeit. Bei Champignons sollten Sie auf Tüten oder Folie zum Abdecken verzichten. Südfrüchte, Paprika, Tomaten, Äpfel und Bananen gehören nicht in den Kühlschrank.

Den Kühlschrank richtig einräumen

Was gehört wo in den Kühlschrank? Die verschiedenen Fächer und Stauräume übernehmen bestimmte Funktionen. So ist z. B. die Glasplatte über dem Gemüsefach der kälteste Ort im gesamten Kühlschrank. Hier sollten vor allem roher Fisch, rohes Fleisch oder Wurstspezialitäten aufbewahrt werden. In diesem Zuge sollten Sie darauf achten, dass rohes Geflügel nicht allzu lang im eigenen Saft gelagert wird, da sich ansonsten Salmonellen bilden können. Außerdem sollte es nicht offen neben anderen Lebensmitteln liegen. Es empfiehlt sich, das Geflügelfleisch von der Verpackung zu befreien und stattdessen in eine Dose zu geben, die mit einem Gittereinsatz versehen ist.

Gut eingeräumter Kühlschrank

Der mittlere Kühlschrankbereich ist für Milchprodukte vorgesehen. Dies können Sahne, Joghurt oder Butter sein. Auch Konservendosen oder Gläser, in denen sich Obst oder Gemüse befinden und die bereits angebrochen wurden, sollten in diesem Teil aufbewahrt werden. Das obere Drittel ist für Speisen und Lebensmittel vorgesehen, die nicht so schnell verderben, denn in diesem Teil ist die Temperatur ein wenig höher als im Bereich der Glasplatte. Geräucherte sowie getrocknete Würste oder auch verschiedene Käsesorten, die entweder in der Originalverpackung belassen oder mit Folie umwickelt werden, legen Sie am besten hierhin.

Käsestücke halten sich weitaus länger als Käsescheiben. Sie können für eine längere Aufbewahrung auch ins Gemüsefach oder in die Seitentür gelegt werden. Auch für bereits gekochte Speisen ist die kalte, aber nicht kühle obere Hälfte der richtige Ort. Die Ablagefächer in der Seitentür zählen ebenfalls zu den wärmeren Stellen im Kühlschrank. Daher werden hier in der Regel haltbare Lebensmittel wie Marmeladen, Soßen, Ketchup- oder Mayonnaiseflaschen wie auch einzelne Getränke gelagert.

Aufbewahrung im Kühlschrank

2. Küchengeräte & Zubehör

In jedem Haushalt sollte neben einem Elektro-, Gas- oder Induktionsherd sowie einem Backofen mit verschiedenen Heizfunktionen eine bestimmte Grundausstattung an Töpfen, Geschirr und nützlichen Küchenhelfern vorhanden sein. Hinzu gesellen sich Küchenmesser, Pfannen, Handrührgeräte sowie Backformen in verschiedenen Größen. Das richtige Küchenwerkzeug erleichtert Ihnen die Arbeit ungemein, sorgt für mehr Spaß beim Kochen und für ein schönes Ergebnis.

Herd und Töpfe abstimmen

Topfsortiment

Topf ist nicht gleich Topf. Achten Sie beim Kauf auf die in Ihrer Küche vorherrschenden Gegebenheiten. Der Umfang der einzelnen Töpfe sollte immer dem Durchmesser der Herdplatte entsprechen. Auf diese Weise sparen Sie beim Kochen Energie bzw. nutzen die Heizkraft Ihres Herdes optimal. Zugleich sollte das Material mit den Eigenschaften Ihrer Elektrogeräte übereinstimmen, damit es zu keinen Schäden kommt und das Gericht wunderbar gelingt.

So verträgt sich ein Gasherd am besten mit Töpfen, die über einen dünnwandigen Boden verfügen. Auf diese Weise kann der Vorteil eines Gasherdes – er erhitzt und kühlt sich schnell wieder ab – effizient ausgenutzt werden. Die Töpfe sollten stets die komplette Kochstelle abdecken, damit die Flammen nicht an der Seite vorbeischießen.

Induktionskochstellen können nur mit speziellen Induktionstöpfen mit integriertem magnetisiertem Boden verwendet werden. Statt der Herdplatte wird einzig der Kochtopf heiß. Nach Böden, die Wärme leiten, verlangen Herde mit Ceranfeld oder mit Kochplatten aus Gusseisen. In diesem Fall sind die Kochtöpfe in der Regel aus Aluminium, Gusseisen oder Kupfer. Aluminiumtöpfe haben die Eigenschaft, dass sie in einigen Fällen mit Lebensmitteln reagieren können. Aus diesem Grund sollten sie am besten mit Email oder Edelstahl versetzt sein. Bei Gusseisentöpfen sollten Sie

Tipp

Topfboden
Prüfen Sie mithilfe eines Lineals, ob der Topfboden nach außen gekrümmt ist. Falls dies der Fall ist, hat er sich bereits verzogen – ein Zeichen, dass er nicht stabil ist.

darauf achten, dass sie, sofern sie unbehandelt sind, nach dem Abwaschen gefettet oder eingebrannt werden. Sie gehören zu den besten Wärmeleitern und sind bereits nach kurzer Zeit heiß. Außerdem eignen sie sich hervorragend, um Speisen über einen längeren Zeitraum zu garen. Auch Töpfe aus Kupfer verfügen über eine gute Leitfähigkeit, jedoch sollten sie stets beschichtet sein. Da Edelstahltöpfe dank der mit Aluminium oder Kupfer versehenen Böden nicht mit Lebensmitteln reagieren, lassen sich darin sämtliche Gerichte problemlos zubereiten.

Spinat-Kürbis-Eintopf

Zutaten für 3 Portionen: 2 Zwiebeln, 1 Knoblauchzehe, 400 g Kartoffeln, 400 g Kürbisfleisch (z. B. Hokkaido), 1 EL Öl, 1/2 EL Butter, 500 ml Gemüsebrühe, 150 g Blattspinat, 4 Stiele Petersilie, Salz, frisch gemahlener Pfeffer, Zucker, 1 Messerspitze Zimt.

Zubereitung (ca. 45 min.): Zwiebeln waschen, schälen und würfeln. Knoblauchzehe ebenfalls schälen und würfeln. Kartoffeln schälen und waschen. Kürbisfleisch und Kartoffeln klein schneiden. Öl und Butter erhitzen, Zwiebel- sowie Knoblauchwürfel zugeben und kurz dünsten. Kartoffeln und Kürbisfleisch zufügen und ca. 4 min. kochen. Mit Gemüsebrühe ablöschen, kurz aufkochen und ca. 20 min. köcheln lassen. In der Zwischenzeit Blattspinat weich kochen. Nach der Garzeit zum Eintopf geben. Petersilie waschen, trocken schütteln und klein hacken. Mit Salz, frisch gemahlenem Pfeffer, Zucker und Zimt zum Eintopf geben.

Eine Pfanne für jedes Gericht

Eine Edelstahl- oder Gusseisenpfanne, die sich hoch erhitzen lässt und damit ideal zum scharfen Anbraten ist, sowie eine antihaftbeschichtete Pfanne sollten sich in jedem Haushalt befinden. Dank der Antihaftbeschichtung können jegliche Speisen in der Pfanne zubereitet werden. Auch zum Schmoren ist sie geeignet. Damit nichts ausläuft, sollte die Pfanne einige Zentimeter hoch und mit einem Deckel versehen sein. Wenn Sie gern Fisch braten, sollten Sie sich überlegen, ob Sie sich eine spezielle

Deftige Rumpsteakpfanne

Zutaten für 2 Portionen: 50 g Champignons, 2 Zwiebeln, 1 grüne Peperoni, 3 Stiele Petersilie, 250 g Rumpsteak, Salz, frisch gemahlener Pfeffer, 2 EL Öl, 3 EL Butter, 50 ml Geflügelfond, 40 g Creme fraîche, 1–2 TL Senf, 3 Stiele Petersilie.

Zubereitung (ca. 15 min.): Champignons putzen und klein schneiden. Zwiebeln waschen, schälen und in Ringe schneiden. Peperoni putzen, waschen, entkernen und klein schneiden. Rumpsteak abwaschen, trocken tupfen und in dünne Scheiben schneiden. Salzen und pfeffern. Rumpsteakscheiben in heißem Öl von beiden Seiten scharf anbraten und herausnehmen. Butter zum Bratfett geben und Champignons sowie Zwiebelringe darin anbraten. Geflügelfond, Creme fraîche und Senf unterrühren und kurz aufkochen. Rumpsteaks sowie Peperoni zufügen und erwärmen. Mit Salz, frisch gemahlenem Pfeffer sowie Senf abschmecken. Petersilie waschen, trocken schütteln und klein hacken. Rumpsteakpfanne mit Petersilie garnieren.

Fischpfanne zulegen. Dank der ovalen Form kann in ihr ohne Probleme ein kompletter Fisch untergebracht werden. Auch in einer Grillpfanne findet er Platz; sie verfügt über Rillen im Boden, in denen sich das Fett sammelt. Zugleich sorgen sie dafür, dass das Fleisch, der Fisch oder das Gemüse mit den charakteristischen Grillstreifen versehen werden. Für das Garen einzelner Gerichte im Backofen ist eine Servierpfanne genau das Richtige, da sie an der Seite mit zwei Griffen statt mit einem Stiel versehen ist, die besonders hitzebeständig sind.

Grillpfanne

Pfannen in verschiedenen Größen

Hochwertige Messer erkennen

Bei einem Messer kommt es vor allem darauf an, dass es scharf ist. Ein stumpfes Messer hilft Ihnen nicht weiter und kann sich als äußerst gefährlich herausstellen, da mehr Druck ausgeübt werden muss und das Risiko, dabei abzurutschen, steigt. Mithilfe eines Wetzstahls, der länger als die Klinge sein sollte, lässt sich das Messer schnell und einfach schärfen. Dafür muss die Klinge etwa in einem 20-Grad-Winkel an die Spitze angelegt und vom Griffansatz bis zur Messerspitze entlang des Wetzstahls

Messerauswahl

gezogen werden. Dabei stets einen leichten Druck ausüben. Auf der anderen Seite verfahren Sie in umgekehrter Richtung. Den Vorgang einige Male wiederholen. Bei hochwertigen Messern sollten der Griff und die Klinge aus einem Stück angefertigt worden sein.

Kleine Kochmesser

Ganz gleich, ob es sich um ein Kochmesser mit rund 20 cm langer Klinge für das Zerteilen von Fleisch, Fisch, Nüssen und harten Gemüsestücken, um ein kleines Kochmesser für das Kleinschneiden von Zwiebeln und Knoblauch, um ein mittleres Sägemesser für die Zubereitung von Tomaten und Obst oder um ein Brotmesser handelt: Die verschiedenen Messer lassen sich am besten in einem Messerblock oder an einer Magnetleiste aufbewahren. So wird verhindert, dass die einzelnen Klingen gegeneinander reiben, sich abnutzen und stumpf werden.

Messer aus Kohlenstoffstahl zählen zu den schärfsten ihrer Art. Jedoch können sie Obst und Gemüse verfärben, da sie mit Säure und Luft reagieren. Zudem rosten sie schneller. Wenn sich die Klingenspitzen leicht biegen lassen, sie aber dennoch Widerstand leisten, bedeutet dies, dass die Klinge besonders hart ist und das Messer länger scharf bleibt. Ein Küchenmesser sollte immer gut in der Hand liegen. Daher sollte die Klinge nur unwesentlich schwerer sein als der Griff.

Messerblock aus Holz

Da Schneidwerkzeug schnell stumpf wird, wenn es mit säurehaltigen Lebensmitteln in Berührung kommt, muss es nach der Benutzung direkt per Hand abgewaschen werden. Auch bei Kontakt mit rohem Fisch oder Fleisch gilt es, die Messer umgehend mit Spülmittel zu säubern, damit sich keine Keime festsetzen. Um zu verhindern, dass sich die Messerklinge allzu schnell abnutzt, sollten Lebensmittel stets auf einem Kunststoff- oder Holzbrett geschnitten werden. Glasplatten eignen sich nicht.

Messer reinigen

Die passende Backform finden

Eine Springform ist unverzichtbar, wenn Sie einen Kuchen oder einen Tortenboden backen möchten. Sie ist neben einem austauschbaren Boden stets mit einem flexiblen Ring aus Metall versehen, der nach dem Backvorgang entfernt werden kann. Er sorgt dafür, dass der Kuchen stabil in die Höhe wächst und seine Form

Kuchenbackformen

behält. Der Boden verfügt bei neueren Modellen meistens noch über eine kleinere Einkerbung am äußersten Rand, die verhindert, dass auslaufender Teig in den Innenraum des Backofens tropft. Der Vorteil einer Springform liegt darin, dass der Kuchen nach dem Entfernen des Rings direkt auf dem Boden angeschnitten und serviert werden kann.

Eine Springform eignet sich vor allem zum Backen von Mürbe-, Obst- sowie Rührkuchen. Als Standard werden Springformen mit einem Durchmesser von 26 cm angesehen. Bei kleineren oder größeren Exemplaren verringert

Selbst gemachter Apfelkuchen

oder verlängert sich dementsprechend die Backzeit. Auch die Höhe fällt unterschiedlich aus. Mit Email beschichtete Backformen gelten als besonders kratzfest, haben jedoch den Nachteil, dass sie schnell heiß werden und den Kuchen zügig dunkel werden lassen. Mitunter sind sie zu diesem Zeitpunkt aber noch nicht vollständig durchgebacken. In diesem Fall ist eine Springform mit dunkler Antihaftbeschichtung vorzuziehen. Sie ist jedoch nicht ganz so schnittfest wie ihr Pendant aus Email. Generell leiten dunkle Formen die Wärme besser als helle.

Immer mehr an Beliebtheit gewinnen Formen aus Silikon, da sich das Gebäck meist ohne Rückstände leicht herauslösen lässt. Die Reinigung geht ebenfalls einfacher von der Hand. Zudem kann der Kuchen in der Form eingefroren werden. Im Gegensatz zu klassischen Backformen kann es hier leicht passieren, dass der Teig aufgrund der biegsamen Form versehentlich ausläuft. Auch die Oberfläche des Gebäcks wird meistens weicher, der Kuchen insgesamt nicht ganz so knusprig. Neben einer Springform lohnt die Anschaffung einer Kastenform, in der sich auch Pasteten und Brote backen lassen. Sie sind in der Regel aus Stahl oder Eisen gefertigt und mit einer Teflon- oder Emailschicht versehen. Damit der Inhalt später gestürzt werden kann, muss die Form vorab gefettet oder mit Backpapier ausgelegt werden.

Gugelhupf aus Silikon

3. Vorspeisen: Suppen, Salate & Co.

Vorspeisen bieten den passenden Einstieg in ein Menü. Sie machen Lust auf mehr und stillen den ersten Hunger. Da die einzelnen Zutaten schnell bei der Hand sind, lassen sich mit nur wenigen Handgriffen schmackhafte Suppen, erfrischende Salate sowie würzige Antipasti in Restaurantqualität selbst herstellen. Den Variationen sind keine Grenzen gesetzt, mit unseren Tipps und Tricks gelingen sie jedem.

Nicht immer Fertigprodukte

Suppengrün mit Möhren, Porree, Petersilie und Sellerie

Suppen werden in die Kategorien Gemüsesuppe, Cremesuppe und klare Suppe, gemeinhin auch als Brühe bekannt, eingeteilt. Wichtigster Bestandteil einer jeden Suppe ist die Brühe – sei es in Form von Hühner-, Gemüse- oder Rindfleischbrühe. Auch Fisch, Kalb oder Wild kann als Grundlage für eine leckere Brühe herangezogen werden. Suppengrün, in der Regel bestehend aus Möhren, Sellerie, Petersilie und Porree, sowie verschiedene Kräuter, Knoblauchzehen und Zwiebeln runden den delikaten Geschmack ab.

Brühe lässt sich leicht selbst herstellen. So müssen Sie für eine Gemüsebrühe zunächst Suppengrün putzen, waschen und in kleine

Klare Brühe

Stücke schneiden. Die Gemüsestücke werden in heißem Öl angebraten und mit Wasser abgelöscht. Füllen Sie den Topf mit Wasser auf und bringen Sie es zum Kochen. Den in dieser Phase entstehenden Schaum schöpfen Sie immer wieder ab. Fügen Sie vorher noch Kräuter wie Thymian, Lorbeerblätter, Gewürznelken und Basilikum zur Flüssigkeit hinzu und lassen Sie die Suppe für rund eine Stunde köcheln. Brühe über einem Sieb abgießen und Flüssigkeit auffangen.

Suppengemüse mit Rinderbeinscheibe

Möchten Sie eine Rindfleisch- oder Hühnerbrühe ansetzen, müssen Sie das Fleisch, bei Rindfleisch auch die Knochen, in ausreichend Wasser zum Kochen bringen und nach etwa 1 Stunde Kochzeit das Suppengrün sowie die Gewürze hinzufügen. Die Hühner- oder Rindfleischbrühe muss insgesamt ca. 2 Stunden zugedeckt köcheln. Das Fleisch kann später noch weiterverwendet werden, indem es als Suppeneinlage dient. Hierfür muss das Huhn enthäutet und das Fleisch vom Knochen getrennt werden. Damit die Brühe besser auskühlen kann, empfiehlt es sich, zwischen der Abstellfläche und dem Topf ein Metallgitter zu legen. Auf diese Weise kann die Luft besser zirkulieren. Reste lassen sich in einem verschlossenen Behälter für mehrere Tage im Kühlschrank aufbewahren.

Tipp

Fettarme Brühe
Rindfleischbrühe verfügt über reichlich Fett. Es lässt sich leicht entfernen, indem Sie die Brühe vollständig abkühlen lassen (mindestens vier Stunden) und das Fett mit einem Löffel abschöpfen.

Cook-a-leekie (schottische Hühnersuppe)

Zutaten für 4 Portionen: Butter, 3–4 Hühnerschenkel, 1 Möhre, 1 Staudensellerie, 1 Zwiebel, 4 Stangen Lauch, 12 Backpflaumen, Salz, frisch gemahlener Pfeffer.

Zubereitung (ca. 70 min.): Butter in einem Topf erhitzen. Hühnerschenkel abwaschen, trocken tupfen und in der geschmolzenen Butter anbraten. Möhre sowie Staudensellerie putzen, waschen und klein schneiden. Zwiebel waschen, schälen und klein schneiden. Möhre, Staudensellerie und Zwiebel anbraten. 1,5 l Wasser zugeben, aufkochen und Gemisch ca. 40 min. köcheln lassen. Hühnerschenkel entfernen und Brühe über einem Sieb abgießen. Flüssigkeit auffangen, mit den Hühnerschenkeln in den Topf geben und erneut aufkochen. Lauch putzen, waschen, in Ringe schneiden und mit den Backpflaumen zur Suppe geben. Suppe ca. 15 min. köcheln lassen. Hühnerschenkel entfernen, häuten, in kleine Stücke schneiden und auf Tellern anrichten. Suppe mit Salz und frisch gemahlenem Pfeffer abschmecken und über das Fleisch geben.

Kleiner Pannenhelfer

Schnell kann es passieren, dass eine Suppe versalzen ist. Dies kann u. a. daran liegen, dass zu viele Zutaten zugefügt wurden, die einen leicht salzigen Anstrich verzeichnen. Dosieren Sie daher das Kochsalz, aber auch Lauchgewächse sowie Sellerie stets vorsichtig. Zudem sollte die verwendete Brühe erst dann gesalzen werden, wenn sie als Suppengrundlage dient. Die Suppe lässt sich retten, indem Sie bei klaren Suppen ein wenig ungewürzte Brühe hinzufügen und Sie danach die Suppe neu würzen. Alternativ können Sie auch etwas kaltes Wasser zur Suppe geben und sie ein zweites Mal erwärmen. Die beiden Methoden helfen ebenfalls, wenn die Suppe zu scharf erscheint.

Reis

Auch etwas Reis wirkt wahre Wunder: Geben Sie zwei Esslöffel Reis in einen Mullbeutel und legen Sie ihn für rund eine Viertelstunde in die köchelnde Suppe. Die in Kartoffeln enthaltene Stärke entzieht Flüssigkeiten ebenfalls das Salz. In die gebundene Suppe daher einfach zwei geschälte Exemplare geben, die Sie halbieren und nach dem Kochvorgang wieder entfernen sollten.

Kartoffeln

Falls die Suppenmenge wider Erwarten nicht ausreicht, lassen sich gebundene Suppen einfach mit ungewürzter Fleischbrühe verlängern. Geben Sie sie zur kalten Suppe, lassen Sie die Flüssigkeit kurz aufkochen und binden Sie sie mit Mehlbutter. Mehlbutter setzt sich aus 20 g

Mehl sowie 30 g zerlassener Butter zusammen (pro Liter). Die Suppe noch mit etwas Sahne oder Weißwein sowie Suppeneinlage ergänzen. Falls die Suppe zu wässrig ausgefallen sein sollte, kann sie mit 2 Esslöffeln Kartoffelpüreepulver oder Grieß angedickt werden. Sollte das Gegenteil eingetreten sein und die Suppe ist zu dickflüssig, kann sie ganz einfach mit Brühe, Sahne oder Milch aufgelockert werden.

Nudeln

Damit die Brühe nicht trüb wird, sollten Nudeln und Reis separat gekocht werden. Dies gilt auch für Klößchen. Aufpassen sollten Sie auch bei Cremesuppen, die mit Eigelb gebunden werden. Diese Suppen sollten nicht ein zweites Mal aufgekocht werden, da das Eigelb dann gerinnen würde. Eintöpfe hingegen können am nächsten Tag problemlos noch einmal aufgewärmt werden. Zudem lassen sich die Reste, wie auch Brühe, wunderbar einfrieren.

Pilzcremesuppe

Füllen Sie die übrig gebliebene Suppe ohne Einlagen am besten in einen Eiswürfelbehälter oder ein ähnliches Gefäß. So können Sie die Suppe portionsweise wieder auftauen. Brühe hält sich eingefroren bis zu sechs Monate.

Suppe anrichten

Suppen schmecken am besten, wenn sie heiß serviert werden. Dementsprechend sollten auch die Schüsseln und Teller, in denen die Suppe angerichtet wird, ausreichend warm sein. Dies gelingt, indem die Teller im Backofen warm gehalten oder sie kurz vor dem Befüllen mit heißem Wasser abgewaschen werden. Soll eine aufgewärmte Suppe aufgetragen werden, sollten Sie bei klaren Suppen einen Blick auf die Einlagen werfen. Machen sie einen weichen Eindruck, entfernen Sie sie, be-

Tipp

Überkochen verhindern
Suppe kocht nicht über, wenn vorab der Topfrand mit etwas Öl eingestrichen wird. Die Flüssigkeit überschreitet diese Stelle nicht. Die Suppe kräftig umrühren und mit etwas kaltem Wasser ablöschen.

Kartoffelsuppe mit Einlage

Tipp

Champignonsuppe
Durch Zugabe kalter Champignons nach dem Kochvorgang oder aufgrund von zu viel Zitronensaft kann Pilzsuppe gerinnen. Champignons entfernen, in Weißwein aufkochen und zur heißen Suppe geben.

Linseneintopf mit getrockneten Aprikosen

Zutaten für 4 Portionen: 2 Zwiebeln, 2 Knoblauchzehen, 1 Stange Sellerie, 2 Möhren, Öl, Kreuzkümmel, Curry, Zimt, 1 kg passierte Tomaten, 200 g getrocknete Aprikosen, 1 l Gemüsebrühe, 240 g Linsen, Salz, frisch gemahlener Pfeffer.

Zubereitung (ca. 25 min.): Zwiebeln waschen, schälen und in Würfel schneiden. Knoblauchzehen schälen und ebenfalls würfeln. Sellerie sowie Möhren putzen, waschen und in Würfel schneiden. Zwiebeln, Knoblauchzehen, Sellerie und Möhren in heißem Öl andünsten. Mit Kreuzkümmel, Curry und Zimt abschmecken. Tomaten zufügen, kurz aufkochen und bei schwacher Hitze abgedeckt kurz köcheln lassen. Gelegentlich umrühren. Aprikosen würfeln und mit der Gemüsebrühe zum Eintopf geben. Flüssigkeit aufkochen, Linsen zugeben und ca. 20 min. kochen. Linseneintopf mit Salz und frisch gemahlenem Pfeffer abschmecken.

vor Sie die Suppe wieder aufkochen. Fügen Sie die Einlagen erst kurz vor dem Servieren wieder hinzu. Gebundene Suppen sollten vor dem Aufwärmen mit ein wenig Fleischbrühe versetzt werden. Häufig müssen sie noch einmal nachgewürzt werden. Wer seine Suppe seinen Gästen etwas ausgefallener servieren möchte, höhlt z. B. ein Dinkelvollkorn- oder ein Senfbrot aus und gießt sie dort hinein. Hierfür eignen sich am besten Eintöpfe oder dickflüssigere Suppen wie Gulasch- oder Kürbissuppe.

Friseesalat

Eichblattsalat und Kopfsalat

Salate frisch halten

Da Salat rasch welk wird, sollte er direkt nach dem Einkaufen verarbeitet werden. Falls dies nicht möglich ist, hält er sich für kurze Zeit im Kühlschrank: Den Salatkopf bei Bedarf von der Verpackung befreien – bei Eisbergsalat ist es nicht notwendig –, in ein Küchentuch einschlagen und ins Gemüsefach legen. Alternativ können Sie ihn auch in einen Plastikbeutel geben, den Beutel mit Luft füllen und fest verschließen. Das hat den Vorteil, dass der Salat nicht von anderen Lebensmitteln im Gemüsefach zerdrückt wird. Feldsalat bleibt auf diese Weise rund zwei Tage frisch, Radicchio sowie Rucola kommen auf drei Tage, Blattsalate auf fünf Tage, die Haltbarkeit von Eisbergsalat sowie Chicorée im Kühlschrank liegt bei rund zehn Tagen. Im Handel sind spezielle Salatdosen erhältlich, die über mehrere Gittereinsätze verfügen. Sie eignen sich hervorragend, um

Rucolasalat

Römersalat

Salatköpfe über einen längeren Zeitraum aufzubewahren.

Generell bleiben Freilandsalate länger knackig als Exemplare, die im Gewächshaus gezüchtet wurden. Zudem sind sie reicher an Spurenelementen, Vitaminen und Mineralstoffen. Blattsalat wird nicht so schnell fad, wenn Sie ihn nicht in einzelne Teile schneiden, sondern ihn mit den Händen in Stücke rupfen. Schnittstellen haben die unschöne Angewohnheit, schnell braun zu werden. Bevor im Kühlschrank aufbewahrter Salat weiterverarbeitet wird, sollte er rund eine halbe Stunde vorher aus dem Gemüsefach genommen werden, da

Salate gründlich waschen

die enthaltenen Geschmacksstoffe bei Zimmertemperatur ihr volles Aroma erreichen. Dies gilt auch für die weiteren Salatzutaten. Es empfiehlt sich, nicht vollständig verarbeiteten Chicorée mit Zitronensaft zu beträufeln. Auf diese Weise verhindern Sie, dass sich der Salat während der Lagerung bräunlich verfärbt. Damit keine wichtigen Vitamine verloren gehen und die Blätter nicht auslaugen, dürfen Salatköpfe nicht allzu lang im Wasser liegen. Säubern Sie die einzelnen Blätter stattdessen unter fließendem Wasser oder ziehen Sie den Kopf bei leichten Verschmutzungen nur einmal kurz durch das Wasser.

Tipp

Abgepackter Salat
Achten Sie beim Kauf von Fertigsalat im Supermarkt darauf, dass sich im Beutel kein Kondenswasser angesammelt hat. Es ist oft ein Zeichen dafür, dass der Salat nicht richtig gelagert wurde.

Festere Salatsorten zerlegen

Nicht jeder Salatkopf lässt sich auf die gleiche Art und Weise zerkleinern. Chicorée z. B. wird nicht Blatt für Blatt auseinandergenommen, sondern der Kolben wird der Länge nach in zwei Hälften geteilt. Schneiden Sie keilförmig den unteren, harten Teil mit einem scharfen Messer heraus. Einige Chicoréesorten zeichnen sich durch eine verminderte Anzahl an Bitterstoffen aus. In diesem Fall kann der gesamte Spross weiterverarbeitet werden. Legen Sie die Chicoréehälfte mit der flachen Seite nach unten und schneiden Sie den Salat leicht schräg in 1 cm breite Streifen. Säubern Sie den Chicorée erst danach in lauwarmem Wasser, dem Sie etwas Zitronensaft zufügen. Die Streifen können Sie entweder trocken tupfen oder

Chicorée

Mangosalat mit Ingwerdressing

Zutaten für 4 Portionen: 20 g Ingwer, 6 TL Zitronensaft, 6 EL Olivenöl, Salz, 2 TL Zucker, 4 Händevoll gemischte Salatblätter, 2 Mangos, 1 rote Zwiebel, 1 Handvoll Korianderblätter, 120 g eingelegte Tomaten, 1 Handvoll geröstete Cashewkerne.

Zubereitung (ca. 20 min.): Ingwer schälen und fein reiben. Zitronensaft, Olivenöl, Salz, Zucker und Ingwer miteinander vermischen. Salatblätter putzen, waschen, trocken schleudern und in kleine Stücke zerteilen. Mangos schälen und links und rechts vom harten Kern zwei gleich große Teile abschneiden. Mit einem Löffel das Fruchtfleisch aus den beiden Hälften lösen, dabei nah an der Schale entlangfahren. Fruchtfleisch herausheben und in Würfel schneiden. Zwiebel waschen, schälen und in Scheiben schneiden. Korianderblätter putzen, waschen, trocken tupfen und klein hacken. Salatblätter, Mangowürfel, Zwiebelscheiben, Tomaten, Koriander sowie Cashewkerne im Dressing wenden und auf Tellern anrichten.

in ein Sieb legen und abtropfen lassen. Bei Eisbergsalat wird am besten zuerst das Herz entfernt, damit sich der Kopf leichter auseinandernehmen lässt. Um an das Herz zu gelangen, entfernen Sie zunächst die lockeren Außenblätter und schlagen Sie den Salat mit dem Strunk nach unten kurz auf eine Arbeitsplatte oder an die Tischkante. Ohne Probleme können Sie nun den Strunk herausdrehen und die Blätter einzeln entfernen.

Endiviensalat wird wie Chicorée erst nach dem Zerlegen geputzt und gewaschen. Schneiden Sie hierfür mit einem spitzen Messer die einzelnen Blätter vom Strunk ab. Die gesäuberten Blätter nun übereinanderlegen und quer in dünne Streifen schneiden. Auch aus Radicchio lässt sich ein schmackhafter Salat zubereiten. Der Kopf erweist sich jedoch als sehr kompakt, mit einem langen Messer lässt er sich in der Mitte leicht in zwei Hälften teilen. Im Strunk befinden sich Bitterstoffe. Soll der Geschmack des Salats nicht allzu bitter ausfallen, schneiden Sie den Strunk kegelförmig heraus. Jetzt lassen sich die Blätter leicht auseinanderziehen und voneinander lösen.

Tipp

Gurken schälen

Auch heute noch hält sich der Glaube, dass Gurken von der Blüte zum Stiel geschält werden müssten, damit sie nicht bitter schmecken. Es ist jedoch unerheblich, in welche Richtung geschält wird.

Die richtigen Zutaten wählen

Bei Gartenfesten oder Grillpartys machen Kartoffel-, Gurken- sowie Nudelsalate als echte Klassiker stets einen guten Eindruck. Wenn Sie bei der Zubereitung einige Tricks beachten, gelingen Ihnen die verschiedenen Salate perfekt

Kartoffelsalat mit Kapern

Zutaten für 4 Portionen: 400 g Kartoffeln, Salz, 40 g Schalotten, 1 EL Olivenöl, 100 ml Gemüsefond, 1 EL Weißweinessig, 1 TL mittelscharfer Senf, 1 TL Zucker, frisch gemahlener Pfeffer, 50 g Kapernäpfel, 2–3 EL Öl.

Zubereitung (ca. 60 min.): Kartoffeln waschen, in Salzwasser ca. 20–25 min. kochen, im warmen Zustand pellen und in Scheiben schneiden. Schalotten waschen, schälen, in Würfel schneiden und im heißen Olivenöl glasig dünsten. Mit Gemüsefond ablöschen, kurz aufkochen und zur Seite stellen. Kartoffelscheiben mit Zwiebelfond, Weißweinessig und Senf vorsichtig vermischen. Mit Zucker und frisch gemahlenem Pfeffer abschmecken. Kartoffelsalat ca. 30 min. ziehen lassen. Kapernäpfel halbieren und mit Öl zum Kartoffelsalat geben.

und Ihre Gäste sind immer beeindruckt. Kartoffelsalat sollte stets mit frischen Knollenfrüchten zubereitet werden. Alte Exemplare können dafür sorgen, dass der Kartoffelsalat sauer wird. Werden sie in Kombination mit zu heißem Öl verwendet, schmeckt der Salat zudem oft ranzig. Der saure Geschmack kann auch dadurch hervorgerufen werden, dass die Kartoffeln nicht lange genug gekocht wurden oder aber das Öl beim Unterrühren noch zu heiß war.

Damit der Kartoffelsalat die richtige Konsistenz erhält, sollten die Kartoffeln nach dem Kochen erst ein wenig abkühlen. Erst wenn sie lauwarm sind, können sie geschält und klein geschnitten werden. Am besten eignen sich gelbfleischige Sorten wie Belana oder Sieglinde, da sie besonders fest sind, aber dennoch relativ saftig schmecken. Nach dem Abkühlen sollte zunächst die Salatsoße, für die in Süddeutschland in der Regel Brühe und Essig aufgekocht werden, ohne Öl über die Kartoffeln gegeben werden. So kann sie besser einziehen. Erst danach sollten Sie Öl sowie etwas Essig, Salz und frisch gemahlenen Pfeffer zum Kartoffelsalat geben. Leicht verträglicher wird der Kartoffelsalat durch die Zugabe von etwas Meerrettich. Kartoffelsalat hält sich gekühlt einige Tage. Sollte er jedoch mit frischer Mayonnaise – wie es im Norden Deutschlands oder im Rheinland üblich ist – zubereitet werden, muss er rasch verzehrt werden, da die Mayonnaise

Tipp

Kartoffelsalat
Damit sich die Aromen besser miteinander verknüpfen können, sollte das Dressing bei Zimmertemperatur angerührt und warm unter die lauwarmen Kartoffeln gerührt werden. So zieht die Marinade besser ein.

rohes Eigelb beinhaltet, das sich nicht lange hält.

Bei der Zubereitung von Gurkensalat sollte unbedingt darauf geachtet werden, dass er nicht zu viel Flüssigkeit enthält. Falls dies der Fall sein sollte, lässt sich der Salat durch die Zugabe von etwas Salz retten. Hierfür die Gurkenscheiben auf Küchenpapier legen oder über einem Sieb abtropfen lassen. Gegebenenfalls muss der Gurkensalat neu gewürzt werden.

Mediterraner Nudelsalat

Nudelsalat erhält eine schöne Form, wenn die Nudeln al dente gekocht und unmittelbar danach mit kaltem Wasser abgeschreckt werden. Auf diese Weise garen sie nicht nach und werden nicht so schnell matschig. Für den Salat eignen sich am besten Nudeln, die ohne Eier hergestellt wurden, denn sie haben den Vorteil, dass sie nach dem Kochen nicht in sich zusammenfallen. Da die Nudeln später noch mit Dressing in Berührung kommen, werden sie automatisch weich, haben aber dennoch eine feste Konsistenz. Allerdings trocknet die Soße dann relativ schnell ein. Ein auf Ölbasis angerührtes Dressing, z. B. aus Öl, Essig, Knoblauch, Pesto, Senf und Honig, lässt den Nudelsalat nicht so schnell austrocknen. Auch ölhaltige Lebensmittel wie eingelegte Tomaten oder Oliven haben einen positiven Effekt. Kommen die Nudeln direkt nach dem Kochen mit ein wenig Öl in Berührung, nehmen sie kein Dressing auf. Sparen Sie ebenfalls nicht an Gewürzen, denn ihr Aroma geht oft an die Nudeln verloren. Klassisch wird Nudelsalat mit einem Mayonnaise-Dressing angemacht, liegt jedoch häufig schwer im Magen. Leichtere Alternativen sind Joghurtsoßen

Balsamico und Öl

Tipp

Speiseöl
Native, kalt gepresste Öle haben einen niedrigen Rauchpunkt – der Punkt, an dem das Öl beim Erwärmen zu rauchen beginnt – und sind im Gegensatz zu raffinierten Ölen nicht für das Braten oder Backen geeignet.

oder mit saurer Sahne angerührte Dressings. Bekommt der Nudelsalat durch Rucola, Parmaschinken sowie Parmesan einen mediterranen Anstrich, sollten Sie für die Soße zu einem hellen Balsamico greifen, damit sich die Nudeln nicht bräunlich verfärben.

Auf das Dressing kommt es an

Erst durch die begleitende Soße wird der Salat zu einem kulinarischen Highlight. Eine klassische Essig-Öl-Soße passt zu zahlreichen Salatvarianten. Achten Sie darauf, dass bei der Herstellung einer Vinaigrette die Gewürze, u. a. Pfeffer, Salz und Zucker, immer zuerst in Essig

angerührt werden müssen, damit sich das Aroma vollständig entfalten kann. Rühren Sie anschließend das Speiseöl unter und geben Sie Kräuter, Senf sowie eine Zwiebel zu. Das Verhältnis von Essig und Öl liegt bei 1:3. Mit einem Spritzer Zitrone wird die Vinaigrette noch ein wenig fruchtiger. Das leichte Dressing passt z. B. perfekt zu Kopfsalat, Lollo rosso sowie Eisbergsalat.

Der Geschmack des Dressings wird durch die unterschiedlichen Essig- und Ölsorten beeinflusst, sodass die Soße jedes Mal ein anderes Aroma erhält. Einen Eigengeschmack weisen z. B. Nuss- und Olivenöle auf. Sie dominieren das Dressing und sollten daher sparsam eingesetzt werden. Relativ neutral schmecken hingegen Raps-, Sonnenblumen- sowie Maiskeimöl. Dunkler Balsamico harmoniert besonders gut mit Tomaten-Mozzarella-Salaten oder

Apfelvinaigrette

Apfelvinaigrette

Zutaten für 4 Portionen: 1 rote Zwiebel, 1/2 Apfel, 4 EL Apfelessig, 6 EL Öl, 2 EL flüssiger Honig, Salz, frisch gemahlener Pfeffer, 1/2 Bund Schnittlauch.

Zubereitung (ca. 5 min.): Zwiebel waschen, schälen und in Würfel schneiden. Apfel schälen, halbieren, vom Kerngehäuse befreien und in Würfel schneiden. Apfelessig mit Öl und Honig gut verrühren, mit Salz und frisch gemahlenem Pfeffer abschmecken. Zwiebel- und Apfelwürfel unterheben. Schnittlauch putzen, waschen, trocken tupfen, klein hacken und in die Apfelvinaigrette rühren.

Tipp

Balsamico
Guten Balsamico erkennen Sie daran, wie viel Traubenmost verarbeitet wurde. Sein Anteil sollte hoch ausfallen. Wird als Zutat zuerst Weinessig genannt, handelt es sich meist um minderwertige Ware.

begleitend zu Hartkäsesorten wie Parmigiano Reggiano. Bei richtiger Lagerung hält sich der Balsamessig jahrelang. Er bevorzugt dunkle Räume. Ist das Öl mit dem Vermerk „sortenrein" versehen, so besteht es zu 100 Prozent aus der angegebenen Ölpflanze, z. B. Oliven.
Einen gesunden Anstrich erhält das Dressing durch die Verwendung von kalt gepressten Ölen, denn durch die schonende Ölgewinnung bleiben die fettlöslichen Vitamine A und E erhalten. Sie werden wie die Geschmacksstoffe jedoch beim Erhitzen zerstört. Da sich kalt gepresste Öle nach dem Anbrechen der Flasche nicht lange halten, sollten sie stets gut verschlossen im Kühlschrank aufbewahrt werden. Raffinierte Öle, deren Inhaltsstoffe und Vitamine durch den Auspressprozess weitestgehend verloren gehen, sind hingegen deutlich länger haltbar. Ungeöffnet halten sie sich bis zu zwölf Monate.
Öle eignen sich auch hervorragend, um gekochtes sowie in Essig mariniertes Gemüse oder Frischkäse einzulegen, da es die Lebensmittel schützt und luftdicht einschließt. Sie werden nicht nur wunderbar aromatisch, es ist auch die perfekte Lösung, mit der Sie Ihre Ernte aus dem heimischen Garten konservieren können.

Antipasti – der Reihe nach

Nicht nur beim Italiener sind Antipasti ein beliebter Vorspeisenklassiker. Schließlich lassen

Ciabatta mit Oliven

Zutaten für 2 Portionen: 15 g Frischhefe, 350 g Mehl (Typ 405), 450 g Mehl (Typ 550), 5 EL Olivenöl, Salz, 150 g entsteinte Oliven.

Zubereitung (1 Tag): 5 g Frischhefe zerbröseln und in 200 ml lauwarmem Wasser auflösen. Mehl des Typs 405 in eine Schüssel geben und eine Mulde formen. Hefe in die Mulde geben und zu einem Teig kneten. Vorteig an einem warmen Ort für ca. 15–18 Stunden gehen lassen. Restliche Hefe zerbröseln und in 350 ml lauwarmem Wasser auflösen. Mehl des Typs 550 mit dem Vorteig, der Hefe, dem Olivenöl sowie 2 TL Salz vermengen. Oliven klein hacken und mit dem Teig vermischen. Teig ca. 1 Stunde gehen lassen. Auf einer bemehlten Arbeitsfläche 2 Laibe formen und abgedeckt ca. 45 min. gehen lassen. Laibe mit Mehl bestäuben und ca. 20 min. bei 200 °C backen.

sie sich ohne großen Aufwand selbst herstellen und können auch kalt genossen werden. Bei der Zubereitung der kleinen Häppchen – Antipasto bedeutet so viel wie „vor der Mahlzeit" – gilt es einige Merkmale zu beachten. Geröstete Paprika sollten z. B. nicht in der Bratpfanne mit Olivenöl, sondern im Backofen gebräunt werden. So sind sie leichter verdaulich und die Haut lässt sich besser abziehen. Die Paprikaschoten im Ganzen auf das Backblech legen und bei rund 300 °C rösten. Die einzelnen Paprikaschoten anschließend unter fließendes Wasser halten und die Haut in Stücken abziehen. Zum Würzen Petersilie und Knoblauch klein schneiden. Die Knoblauchzehe

Geröstete Paprika

Carpaccio mit Rucola

Zutaten für 4 Portionen: 2 unbehandelte Zitronen, frisch gemahlener Pfeffer, Salz, 6 EL Olivenöl, 200 g Rinderfilet, 50 g Rucola, 4 kleine Tomaten, 30 g Pinienkerne, geriebener Parmesan.

Zubereitung (ca. 20 min.): Zitronen auspressen. Den Saft mit frisch gemahlenem Pfeffer und Salz abschmecken. Olivenöl zugeben und gut vermischen. Rinderfilet waschen, trocken tupfen, in Frischhaltefolie legen und vorsichtig flach klopfen. Mit dem gewürzten Zitronensaft beträufeln. Rucola waschen und trocken tupfen. Tomaten putzen, waschen, halbieren und vom Stielansatz befreien. Rucola und Tomaten auf dem Carpaccio verteilen. Mit Pinienkernen und Parmesan bestreuen.

nicht auspressen, da sie ansonsten zu aromatisch wird und dem Gericht ihre Note aufdrückt. Nur einen Hauch Olivenöl über die gerösteten Paprikaschoten geben, denn in diesem Fall ist weniger mehr.

Für den Vorspeisenklassiker Carpaccio, der vor der Verarbeitung weder gebraten noch gekocht, sondern roh verzehrt wird, verwenden Sie am besten Filet vom Rind. Um an die typischen hauchdünnen Scheiben zu gelangen,

Carpaccio

müssen Sie das Fleischstück in Frischhaltefolie einschlagen und flach platinieren. Mischen Sie ein wenig Zitronensaft mit Olivenöl und legen Sie das Filet dort kurz hinein. Verfeinern Sie das Carpaccio noch mit gedünsteten Pilzen, Parmesan sowie etwas Olivenöl.

Für Bruschetta – mit dem Begriff Bruschetta ist eigentlich nur das geröstete und aromatisierte Brot ohne Belag gemeint – rösten Sie das Brot, z. B. Ciabatta, ohne Fettzugabe in einer Grillpfanne. Die Scheiben erst anschließend mit einer Knoblauchzehe einreiben und ein paar Tropfen Olivenöl über das Brot träufeln. Bei Bedarf mit Pfeffer und Salz bestreuen.

Tipp

Bruschetta
Für die Variante Bruschetta con pomodoro e basilico (Tomaten und Basilikum) die Tomaten kreuzförmig einstechen und kurz in kochendes Wasser geben. So lässt sich die Haut einfacher lösen.

Bruschetta

Crostini nach neapolitanischer Art

Zutaten für 4 Portionen: 400 g Mozzarella, 12 Baguettescheiben, 80 g Butter, 6 Sardellen, 6 Tomaten, 1 Prise Oregano, frisch gemahlener Pfeffer, Salz, 2 EL Olivenöl.

Zubereitung (ca. 30 min.): Backofen auf 200 °C vorheizen. Mozzarella in 12 Stücke teilen. Baguettescheiben mit 40 g Butter bestreichen und mit Mozzarella belegen. Sardellen entgräten, filetieren und auf dem Mozzarella drapieren. Tomaten mit heißem Wasser übergießen, Haut entfernen und in Stücke schneiden. Baguettestücke mit Tomatenscheiben belegen, mit Oregano sowie frisch gemahlenem Pfeffer, Salz und Olivenöl würzen. Crostini im vorgeheizten Backofen so lange backen, bis der Mozzarella geschmolzen ist.

4. Hauptgang: Fisch, Fleisch & Gemüse

Welches Fleischstück eignet sich am besten für Rouladen? Wie funktioniert eigentlich Spicken? Worin kann ich am besten einen Fisch einlegen? Antworten auf diese Fragen erhalten Sie in diesem Kapitel. Hier erfahren Sie u. a. auch, worauf Sie bei der Zubereitung von Rinderbraten achten müssen, wie Hülsenfrüchte schneller quellen oder welche Soßen und Kräuter perfekt mit den einzelnen Gerichten harmonieren.

Immer das passende Fleisch

Die verschiedenen Teile eines Rindes, eines Kalbs, eines Lamms, einer Ziege oder eines Schweins dienen als Grundlage für unterschiedliche Gerichte.

Für Rouladen eignen sich z. B. besonders die Oberschale eines Rindes sowie die Hüfte und der Hüftdeckel. Damit die Rouladen schön zart werden, sollte die Temperatur nicht zu früh gesenkt werden. Auf diese Weise läuft der Bratensaft nicht aus und die Rouladen bleiben angenehm saftig. Zudem ist es wichtig, die Rouladen fest aufzurollen. Mit speziellen Rouladennadeln oder dünnen Holzspießen lassen sie sich in Form halten. Das Fleischstück vorab stark anbraten (am besten einzeln), es kann ruhig eine dunkle Farbe annehmen. Die Rouladen sollten mindestens 1 1/2 Stunden schonend gegart werden.

Rouladen

Die Querrippe eines Rindes wird aufgrund der durchwachsenen Struktur vor allem zu Gulasch verarbeitet oder als Suppenfleisch eingesetzt. Für den Gulasch reichlich Zwiebeln in Schmalz so lange rösten, bis sie leicht bräunlich sind. Dank der saftigen Zwiebeln muss

Rindergulasch

kein Mehl mehr zugegeben werden. Durch das Einlegen in einen schlichten Zwiebel-Tomatenmark-Paprika-Sud, der mit Suppe aufgegossen wird, entfällt das scharfe Anbraten.

Aus falschem Filet, aus der Schulterspitze des Rindes entnommen, wird in der Regel geschmorter Sauerbraten hergestellt. Soll das Fleisch besonders zart sein, streichen Sie das Filet am Vortag mit etwas Senf ein. Alternativ können Sie es auch zwei Tage in Buttermilch einlegen. Für das Schmoren wird der Sauerbraten kurz in heißem Fett angebraten, mit Flüssigkeit, z. B. Wein oder Bratenfond, abgelöscht und bei geringer Temperatur im Backofen fertig gegart. Sollte der Sauerbraten zu sauer geworden sein, lässt sich der Geschmack durch die Zugabe von etwas verkochtem Zucker, Zuckerrübenkraut oder Apfelkraut ausgleichen.

So gelingt das Anbraten

Besonders gut zum kurzen Anbraten oder Grillen eignet sich Roastbeef, das beim Rind zwischen der Hochrippe und der Hüfte sitzt. Das Fleisch wird wunderbar weich und mürbe, wenn es vor dem Kurzbraten z. B. in Öl eingelegt wird. Es sollte vor dem Braten nicht gesalzen werden. Nur Stücke, die Zimmertemperatur angenommen haben, sollten in der Bratpfanne landen. Die Bratpfanne zunächst ohne Öl erwärmen. Das Öl erst hinzufügen, wenn die Pfanne heiß ist. Das Fleisch von beiden Seiten für wenige Minuten anbraten, es aber nicht einstechen. Das Fleischstück rund 10 min. im 100 °C warmen Backofen lagern und anschließend mit Salz und frisch gemahlenem Pfeffer würzen.

Rinderbraten lässt sich am besten mit einem Stück aus der Hüfte, mit Hoher Rippe oder der Brustspitze zubereiten. Besonders zart wird er, wenn hierfür ein Schulterstück ausgesucht wird. Wenn Sie den Rinderbraten bei hoher Temperatur gegart haben, gehen Sie danach

Tipp

Gartemperatur
Mit einem Fleischthermometer lässt sich ablesen, wie weich Rindfleisch ist, ohne es anschneiden zu müssen. Bei einer Temperatur von 50 °C ist es blutig, bei 60 °C halbgar und bei 70 °C komplett durch.

Rinderbraten mit Beilage

Rinder-Kokos-Curry

Zutaten für 4 Portionen: 800 g Rindfleisch, 3 Knoblauchzehen, 1 haselnussgroßes Stück Ingwer, 2 rote Paprikaschoten, 3 EL Öl, Salz, Kreuzkümmel, Zimt, frisch gemahlener Pfeffer, 400 ml Kokosmilch, 10 EL Sojasoße, 6 Stiele Koriander, 2 EL gesalzene Erdnüsse.

Zubereitung (ca. 120 min.): Rindfleisch abwaschen, trocken tupfen und klein schneiden. Knoblauchzehen und Ingwer schälen, Knoblauch fein hacken, Ingwer reiben. Paprikaschoten putzen, waschen, von den Kernen befreien und würfeln. Rindfleisch in Öl erhitzen, von allen Seiten kräftig anbraten, salzen und herausnehmen. Im Bratfett Knoblauchzehen, Ingwer, 1/2 TL Kreuzkümmel sowie Zimt kurz rösten. Paprikaschoten zufügen. Mit 250 ml Wasser, Kokosmilch und Sojasoße ablöschen, aufkochen und im Schmortopf zugedeckt ca. 1 1/2 Stunden schmoren. Koriander waschen und trocken tupfen. Erdnüsse hacken. Rinder-Kokos-Curry salzen und pfeffern sowie mit Korianderblättern und Erdnüssen garnieren.

am besten wie folgt vor: Nach dem Ende des Schmorvorgangs den Rinderbraten in Alufolie wickeln und ruhen lassen. So verhindern Sie, dass der Bratensaft, der sich in der Mitte des Rinderbratens gesammelt hat, beim direkten Anschneiden herausläuft.

Den Brustkern oder den Dicken Bug eines Rindes können Sie zu Rollbraten verarbeiten. Den Braten mit Bratenfett oder Gemüsebrühe angießen und mehrfach wenden.

Das Bürgermeisterstück, das fast komplett aus Muskelfleisch besteht und daher besonders zart ist, die Hüfte oder die Schulter kommen häufig bei Spickbratengerichten zum Einsatz. Spicken bedeutet, dass das Fleischstück vor dem Braten mit Speckstreifen versehen wird. Der Speck sollte vorab rund eine Stunde bei –18 °C angefroren werden. So lässt er sich besser in das Fleischstück einarbeiten. Hierfür in gleichmäßigen Abständen mit einem scharfen Messer kleine Ritzen in den Braten schneiden und den Speck hineingeben. Da beim Spicken jedoch häufig die Fleischfasern verletzt werden und der Bratensaft ausläuft, was das Fleisch

Rollbraten

Tipp

Garprobe
Mithilfe der Druckprobe können Sie herausfinden, ob das vorliegende Fleischstück durch ist. Hierfür das Fleisch kurz mit dem Finger eindrücken. Je größer der Widerstand ist, umso garer ist das Exemplar.

Rumpsteak

trocken macht, empfiehlt es sich, das Fleisch zu bardieren. In diesem Fall wird es vor dem Braten mit Speckscheiben umwickelt. Die Ummantelung sorgt dafür, dass das Fleisch frisch bleibt.

Rumpsteak mit pochierten Eiern

Zutaten für 4 Portionen: 500 g Rosenkohl, Salz, 1 Zwiebel, 4 Rumpsteaks à 150 g, 2 EL Öl, frisch gemahlener Pfeffer, 1/2 Bund glatte Petersilie, etwas Saft von einer 1/2 unbehandelten Limette, 3 EL Essig, 4 Eier.

Zubereitung (ca. 45 min.): Rosenkohl putzen, waschen, halbieren und in Salzwasser ca. 5 min. garen. Über einem Sieb abgießen und mit kaltem Wasser abschrecken. Zwiebel waschen, schälen und in Würfel schneiden. Rumpsteaks abwaschen, trocken tupfen und Fettrand mehrmals einschneiden. Zwei Rumpsteaks in 1 EL heißem Öl von beiden Seiten ca. 3 min. braten sowie mit Salz und frisch gemahlenem Pfeffer würzen. Vorgang mit den anderen beiden Rumpsteaks wiederholen. Fleisch in Alufolie wickeln und warm stellen. Im Bratfett Rosenkohl und Zwiebelwürfel ca. 5 min. braten. Petersilie waschen, trocken tupfen und Blätter zugeben. Gemisch mit Salz, frisch gemahlenem Pfeffer und Limettensaft abschmecken. Essig in 1 1/2 l Wasser zum Kochen bringen. Eier einzeln aufschlagen, portionsweise in das Wasser geben und ca. 2 min. pochieren. Mit Rumpsteaks und Rosenkohl anrichten.

Das Beste vom Schwein und Lamm

Ein leckeres Schnitzel lässt sich u. a. aus der Oberschale eines Kalbs oder eines Schweins zubereiten. Nicht vergessen: Beim Zerteilen der Portionen immer quer zur Fleischfaser schneiden. Zudem sollten Sie darauf achtgeben, dass die Panade nicht zu dick wird. Überschüssiges Mehl sowie eine dicke Semmelbröselschicht können zur Folge haben, dass das Schnitzel nicht wie gewünscht kross, sondern eher teigig wird. Schnitzel nur in heißes Öl geben, ansonsten saugt sich die Panade mit Fett voll.

Schnitzel

Auch Geschnetzeltes lässt sich aus der Oberschale sehr schön herstellen. Nach dem Kleinschneiden und Würzen das Fleisch am besten in etwas Mehl wenden, von allen Seiten hellbraun anbraten und warm stellen. Erst dann die Soße zubereiten. Im Sommer landen häufig Kamm- oder Nackenkottelets vom Schwein auf dem Grill, aus der Lende werden meist Steaks geschnitten. Steaks sollten mindestens 2 cm dick sein, da sie ansonsten zu schnell durchgebraten sind. Solche Stücke sind in der Regel zäh und relativ trocken.

Für Schweinebraten sollten Sie stets ein Bauchstück oder Wammerl benutzen. Eine knusprige Kruste erhalten Sie, indem Sie den Braten nach dem Garen mit Butter einpinseln und ihn kurz unter den Grill stellen. Der Schweinebraten

Tipp

Fleisch klopfen
Ausschließlich für Schnitzel vorgesehenes Fleisch sollte mit einem Fleischklopfer behandelt werden. Bei Rindfleisch hingegen mit einem Plattiereisen arbeiten, damit die Fasern nicht zerstört werden.

trocknet nicht aus, wenn Sie die feuerfeste Form fest mit Alufolie umwickeln.

Auch aus Lammschulter lässt sich ein Braten anrichten. Hochwertiges Lammfleisch besitzt keine festen Fettadern und ist nur zart marmoriert. Die Fettauflage ist relativ dünn und weist eine gleichmäßige Struktur auf. Das Fleisch von jüngeren Tieren ist ziemlich hell. Je älter das Lamm ist, desto dunkler die Färbung. Der Geruch sowie der Geschmack nehmen ebenfalls mit dem Alter zu. Aus Lammkeule können Sie einen festlichen Lammbraten zaubern. Füllen Sie den Bräter mit zerkleinerten Sellerie-, Möhren- und Zwiebelstückchen sowie mit verschiedenen Gewürzen, z. B. Petersilie, Lorbeerblättern, Pfefferkörnern, Wacholderbeeren oder Thymian. Geben Sie erst dann das

Lammbraten

Fleischstück dazu und begießen Sie es mit ausreichend Beize. Der Lammbraten sollte vollständig bedeckt sein. Die Beize besteht entweder aus einem Teil Wasser sowie einem Teil Essig oder aus einem Teil Rotwein und einem Teil Wasser. Auch aus Buttermilch lässt sich eine Beize ansetzen. Sie sorgt dafür, dass der Lammbraten besonders zart wird.
Als Einlage für Terrinen und Pasteten kann Lammfilet genutzt werden, das aus zartem Muskelfleisch besteht. Damit Lammstielkoteletts in der Bratpfanne einwandfrei gelingen, sollte der Fettrand vorab mehrmals eingeschnitten sowie die Silberhaut entfernt werden.

Lammkotelett

Vorsicht bei Geflügel

Bei der Zubereitung von Geflügel ist sauberes Arbeiten inklusive regelmäßiges Händewaschen von großer Wichtigkeit, denn Hähnchen, Puten, Gänse und Enten sind anfällig für Salmonellen. Geflügel sollte aus diesem Grund stets gut gekühlt werden. Flüssigkeit, die durch das Auftauen entsteht, sollte direkt weggeschüttet werden. Der Auftauvorgang wird begünstigt, indem das Geflügel in einen Plastikbeutel gegeben und er verschlossen in kaltes Wasser gelegt wird. Die Tiere dürfen nicht im eigenen Saft liegen und sollten abgedeckt aufbewahrt werden. Zudem sollten Sie das Geflügel gründlich mit kaltem Wasser reinigen.

Geflügel

Tipp

Fett für Geflügel
Beim Braten von Gänsen und großen Enten können Sie auf Fett verzichten, es reicht ein wenig Wasser. Wachteln und Fasane sind hingegen auf Fett angewiesen. Das Geflügel großzügig mit Speck bardieren.

Um sicherzugehen, sollte Geflügel immer vollständig durchgegart werden. Ob das Fleisch durch ist, erkennen Sie am klaren Fleischsaft, der beim Anstechen austritt. Mit Knochen versehene Geflügelteile müssen sich leicht vom Knochen lösen lassen können. Wird das Geflügel gebraten, erhält es eine knusprige Note durch das Benetzen mit Wein, Bier oder Salzwasser.

Truthahn sollte vor dem Bratvorgang zu gleichen Teilen mit einer Mischung aus Öl und Butter bepinselt werden, damit die Brust oder die Keule nicht aufreißt. Geflügel, das ohne Knochen und Haut auskommt, sollte mit einer Marinade oder einer Panade versehen werden,

Knusprige Hähnchenkeulen

Gefüllte Hähnchenfilets

Zutaten für 4 Portionen: 50 g getrocknete Datteln ohne Stein, 1 Zwiebel, Olivenöl, 500 g tiefgefrorener Blattspinat, 2 Zweige Rosmarin, 800 g Rote Bete, Salz, frisch gemahlener Pfeffer, 4 Hähnchenfilets à 150 g.

Zubereitung (ca. 75 min.): Backofen auf 175 °C vorheizen. Mit einem scharfen Messer Datteln fein hacken. Zwiebel waschen, schälen und in Würfel schneiden. In heißem Olivenöl Datteln und Zwiebelwürfel dünsten. Mit 100 ml Wasser ablöschen, Blattspinat zugeben, aufkochen und ca. 10 min. garen. Rosmarin waschen, trocken tupfen und Nadeln abzupfen. Rote Bete schälen, in Spalten schneiden und mit 2 EL Olivenöl vermischen. Mit Salz und frisch gemahlenem Pfeffer abschmecken. Hähnchenfilets abwaschen und trocken tupfen. Mithilfe eines spitzen Messers jeweils waagerecht eine Tasche hineinschneiden. Mit Salz und frisch gemahlenem Pfeffer würzen und mit der Spinatmasse füllen. Hähnchenfilets sowie Rote Bete auf ein mit Öl bestrichenes Backblech geben und ca. 30 min. garen.

damit es beim Grillen oder Frittieren nicht austrocknet. Auf diese Weise ist es vor den hohen Temperaturen geschützt. Damit panierte Hähnchenkeulen sowohl innen als auch außen vollständig gar werden, blanchieren Sie die rohen Keulen am Vortag für rund 10 min. in kochender Brühe. Die lauwarmen Keulen würzen – auf Salz verzichten – und nach dem Auskühlen mit Panade bedecken.

Fisch rasch verzehren

Generell sollten frischer Fisch sowie Meeresfrüchte schnell verarbeitet werden, da sie sich abgedeckt maximal einen Tag im Kühlschrank halten. Garnelen am besten von Kopf- und

Marinade

Pute
Wenn Sie die Wahl haben, entscheiden Sie sich bei Pute für Fleisch von weiblichen Tieren. Ihr Fleisch ist weitaus zarter als das der Männchen. Zudem kann es der menschliche Körper besser verdauen.

Putenhackbraten mit Feta

Zutaten für 6 Portionen: 1 Brötchen vom Vortag, 1 kg Putenbrust, 3 Zwiebeln, 1 Bund glatte Petersilie, 200 g Feta, 1 Ei, Salz, frisch gemahlener Pfeffer.

Zubereitung (ca. 90 min.): Backofen auf 150 °C vorheizen. Brötchen in kaltem Wasser einweichen. Putenbrust abwaschen und trocken tupfen. Fleisch sehr fein hacken. Zwiebeln waschen, schälen und in Würfel schneiden. Petersilie waschen, trocken tupfen und fein hacken. Feta abtropfen lassen und in Würfel schneiden. Putenbrust mit Brötchen, einem Drittel der Zwiebelwürfel, Ei, Petersilie, 1 1/2 TL Salz, 1 TL frisch gemahlenem Pfeffer und Fetawürfeln verkneten und zu einem Laib formen. Laib auf ein mit Backpapier ausgekleidetes Backblech legen und ca. 1 Stunde garen.

Mittelteil befreien, da sich in diesem Teil die schnell verderblichen Innereien befinden. Fangfrische Fische bedürfen einer besonderen Behandlung, wenn sie in der Tiefkühltruhe gelagert werden sollen. Dies gelingt nur, wenn sie vorab glaciert werden. Den Fisch vollständig ausnehmen, mit kaltem Wasser säubern und sorgfältig trocken tupfen. Den Fisch mit Alufolie bedecken und für einige Zeit ins Gefrierfach geben. Eine kleine Wanne oder einen ähnlichen Behälter mit Eiswürfeln füllen und den Fisch in das Eiswürfelbad tauchen. Sobald sich eine leichte Eisschicht gebildet hat, den Vorgang zweimal wiederholen. Den Fisch in einen Gefrierbeutel geben und luftdicht verschließen. Der Fisch hält sich bis zu acht Monate.

Fischauswahl auf Eis

Fische und Meeresfrüchte

Dorade

Mit wenigen Handgriffen lassen sich Fische, vor allem Sorten wie Zander, Forellen, Barsche und Doraden, filetieren und für das Braten oder Pochieren vorbereiten. Enthäutete Fische können auch wunderbar gedämpft werden.

Den Fisch von den Bauchflossen sowie dem Rückenflossensaum befreien. Das Messer hinter dem Kopf ansetzen und von beiden Seiten bis zur Mittelgräte schneiden. Von der Kopfseite her das obere Filet abtrennen. Dicht an der Gräte entlangfahren und die Bauchhöhlengräte durchtrennen. Das untere Filet von der Rücken- und Mittelgräte befreien; hier die Bauchhöhlengräte ebenfalls durchtrennen. Bauchhöhlengräte nun vollständig vom Filet abschneiden. Die Haut mithilfe des Messers vom Filet lösen. Dies gelingt, indem an der Schwanzseite ein Einschnitt erfolgt. Während das Filet abgeschnitten wird, die Haut mit der anderen Hand festhalten.

Zander

Mithilfe eines Fischschuppers können Sie die Schuppen des Fisches abschaben, wenn Sie ihn mit der Haut verzehren möchten. Das meist rund gebogene Werkzeug, das an der Unterseite mit kleinen Zacken versehen ist, vom Schwanz in Richtung Kopf bewegen. Alternativ können Sie auch ein Messer verwenden, bei dem Sie etwas mehr Kraft aufwenden müssen.

Forelle

Um Jakobsmuscheln öffnen zu können, müssen sie mit der flachen Seite nach oben gehalten werden. Setzen Sie das Messer an den Schalen an und fahren Sie damit zwischen den Schalen entlang. Dabei den Schließmuskel innen oben von der Schale trennen. Nehmen Sie die obere Schale ab und lösen Sie das Fleisch

Lachs-Zucchini-Pfanne

Zutaten für 4 Portionen: 1 rote Paprikaschote, 2 Zucchini, 1 Zwiebel, 3 EL Öl, 1 EL Mehl, 150 g Sahne, 1 TL Gemüsebrühe, 600 Lachsfilet, Salz, frisch gemahlener Pfeffer, Zucker, 6 Stiele Dill, Zitronensaft.

Zubereitung (ca. 30 min.): Paprikaschote sowie Zucchini putzen, waschen, von den Kernen befreien und klein schneiden. Zwiebel waschen, schälen und in Würfel schneiden. In 1 EL heißem Öl Paprikaschote, Zucchini und Zwiebelwürfel anbraten. Gemisch mit Mehl bestäuben, anschwitzen, mit 350 ml Wasser, Sahne sowie Gemüsebrühe übergießen, aufkochen und ca. 5 min. kochen. Lachsfilet abwaschen, trocken tupfen und in kleine Stücke teilen. Filets im restlichen Olivenöl von beiden Seiten für 2–3 min. braten. Mit Salz, frisch gemahlenem Pfeffer und Zucker würzen. Dill waschen, trocken tupfen und Fähnchen fein hacken. Lachs-Zucchini-Pfanne mit Dill garnieren, erneut würzen und mit Zitronensaft beträufeln.

Jakobsmuscheln

Austern

Tipp

Austern
Nur lebendige Austern sind zum Verzehr geeignet. Tote Exemplare sind an der geöffneten Schale zu erkennen. Falls sie sich nach einem leichten Antippen nicht schließt, sollten Sie die Auster nicht essen.

vom grauen Rand ab. Im nächsten Schritt Muschelfleisch und orange gefärbten Corail vom grauen Rand lösen. Corail und Muschelfleisch voneinander trennen.

Beim Öffnen von Austern gehen Sie ähnlich vor: In diesem Fall die gewölbte Seite nach oben halten und mit einem speziellen Austernmesser in das Scharnier stechen, damit zwischen den Schalen entlangfahren und die obere Schale abheben. Das Fleisch von der oberen Schale trennen. Auf keinen Fall die enthaltene Flüssigkeit wegschütten.

Rohe Garnelen lassen sich ebenfalls leicht auslösen. Hierfür müssen zunächst das Kopfteil abgedreht und die Unterseite des Schwanzes, der Garnelenschwanzpanzer, mit einem Messer oder einer Schere aufgeschnitten werden. Lösen Sie die Schale bis auf den Schwanzfächer ab. Den Darm entfernen Sie, indem Sie entweder den am oberen Ende des Schwanzes befindlichen Darmfaden herausziehen oder Sie die Garnele am Rücken längs einschneiden und den Darm mit der Messerspitze herausheben.

Im Topf oder Backofen garen?

Fisch lässt sich auf unterschiedliche Weise garen. Beliebt ist bei vielen Köchen das Blaukochen. Wie auch beim Pochieren wird der komplette Fisch über einen längeren Zeitraum, meist in reichlich Salzwasser, Brühe oder Fischfond, bei einer konstanten Temperatur

Miesmuscheln Elsässer Art

Zutaten für 4 Portionen: 1 Bund Suppengemüse, 4 Schalotten, 5 Knoblauchzehen, 4 Stängel Petersilie, 2 kg Miesmuscheln, Olivenöl, Paniermehl, Salz.

Zubereitung (ca. 25 min.): Suppengemüse putzen, waschen, klein schneiden und ca. 20 min. köcheln. Schalotten waschen, schälen und hacken. Knoblauchzehen schälen und in dünne Scheiben schneiden. Petersilie waschen, trocken tupfen und fein hacken. Suppengemüse aus dem Kochwasser heben. Tote Miesmuscheln aussortieren, Rest gründlich waschen und ins kochende Wasser geben. Miesmuscheln ca. 10 min. kochen. Verschlossene Exemplare aussortieren. Obere Schale von den Miesmuscheln brechen. Olivenöl erhitzen und Miesmuscheln sowie Schalotten und Knoblauchzehen darin ca. 5 min. dünsten. Pfanne hin und her schwenken. Petersilie sowie Paniermehl darüber geben und erneut kurz schwenken.

Fisch gekocht

knapp unterhalb des Siedepunktes gar gezogen. In diesem Fall wird ein saurer Sud aus Essig, Salz, Zitrone und Weißwein verwendet. Das Blaukochen funktioniert nur bei Fischen, z. B. Forellen, bei denen die Haut mit einer Schleimschicht überzogen ist. Die Haut verfärbt sich nach und nach blau. Auch Langusten, Krebse sowie Hummer lassen sich auf diese Weise zubereiten.

Für das Garen im Backofen eignen sich hingegen sämtliche Fischsorten. Hier lassen sich mehrere Methoden anwenden, die zum Erfolg führen. Der einfachste Weg ist das Garen in Alufolie. Würzen Sie den ausgenommenen Fisch innen und außen mit Salz und frisch ge-

Fisch in der Pfanne gebraten

mahlenem Pfeffer. Füllen Sie ihn mit Thymian, Koriander, Petersilie, Butter und Zwiebeln und bestreuen Sie ihn abschließend mit den Kräutern. Geben Sie noch einige klein geschnittene Möhren sowie Sellerie um den Fisch und wickeln Sie ihn fest in Alufolie ein. Auf diese Weise wird verhindert, dass der Fisch austrocknet.

Fisch in Alufolie gegart

Tipp

Fisch braten
Verwenden Sie für das Braten in der Bratpfanne nur heißes Öl, damit der Fisch nicht anklebt. Legen Sie die Fische immer einzeln in die Pfanne, andernfalls sinkt die Temperatur des Fetts.

Grobes Meersalz

Sie können den gewürzten Fisch auch alternativ mit den Kräutern und Gemüsestückchen, noch um Pfeffer- und Wacholderbeeren ergänzt, in einen Bratschlauch geben. Den fest verschlossenen Bratschlauch mehrmals einstechen. Achten Sie beim Garen darauf, dass der Schlauch nicht mit den Ofenwänden in Berührung kommt.

Wer keinen Bratschlauch vorrätig hat, kann sich auch mit Pergamentpapier behelfen. Es wird ebenfalls eng um den Fisch gewickelt, sollte jedoch vor dem Garen ausgiebig mit Öl bestrichen werden. Der Fisch erhält durch diese Garmethode eine angenehme Bräune, da der entstandene Dampf durch das Pergamentpapier entweichen kann. Sollte sich das Papier bedrohlich schwarz verfärben, hilft es, ein Backblech über den Fisch einzuschieben. Auf diese Weise wird er vor der Oberhitze geschützt.

Soll der gebackene Fisch eine besondere Note erhalten, statten Sie ihn mit einem Salzmantel aus. Formen Sie aus Alufolie die Konturen des Fisches nach. Vermischen Sie 3 kg grobes Meersalz mit 200 ml Wasser und 3 Eiweißen. Sollte die Masse zu weich sein, geben Sie etwas Mehl hinzu. Die Portion reicht für 4 Fische. Schöpfen Sie zwei gleich große Portionen ab. Nehmen Sie von der einen Portion ein Drittel weg und geben Sie es in die Form, die Sie auf ein Backblech setzen. Legen Sie den küchenfertigen und gewürzten Fisch in die

Matjes-Tartar an Joghurtsoße

Zutaten für 4 Portionen: 2 EL Kapern, 4 Matjesfilets, 1 Zwiebel, 2 Tomaten, 1 Apfel, 3 EL Vollmilchjoghurt, 3 EL saure Sahne, Salz, frisch gemahlener Pfeffer, Zucker, 2 EL Zitronensaft.

Zubereitung (ca. 15 min.): Kapern in ein Sieb geben und abtropfen lassen. Matjesfilets waschen und trocken tupfen. Zwiebel waschen, schälen und in Würfel schneiden. Tomaten putzen, waschen, vom Stielansatz befreien und würfeln. Apfel putzen, waschen, vom Kerngehäuse befreien und ebenfalls in Würfel schneiden. Kapern mit Zwiebel-, Tomaten- und Apfelwürfel mischen. Vollmilchjoghurt mit saurer Sahne verrühren sowie mit Salz, frisch gemahlenem Pfeffer, 1 Prise Zucker und Zitronensaft abschmecken. Matjes-Tartar damit beträufeln.

Form und bestreuen Sie ihn mit Kräutern. Geben Sie die restliche Salzmasse auf den Fisch und garen Sie ihn ca. 20 min. bei 200 °C. Brechen Sie vor dem Servieren die Salzkruste auf. Häuten und Filetieren nicht vergessen!

Gemüse – Beilage und Hauptgericht

(Neu-)Vegetarier müssen nicht auf den Geschmack von Fisch und Fleisch verzichten. Seitan z. B., eine Mischung aus Gluten und dem wasserunlöslichen Klebereiweiß des Weizenmehls, weist eine ähnliche Konsistenz wie

Hummer nach dem Kochen

Tipp

Hummer
Achten Sie beim Abkochen von Hummer darauf, dass er seine typisch rote Farbe annimmt. Sonst besteht Vergiftungsgefahr, da das Tier vermutlich vor dem Kochen schon tot oder nicht mehr frisch war.

Hähnchenfleisch auf. An Speck erinnert Räuchertofu, zudem gibt es im Supermarkt tierfreien Ersatz für Salami, Gyros oder Hacksteak. Doch auch aus Beilagen wie Reis, Kartoffeln und anderem Gemüse lassen sich schmackhafte Gerichte zaubern.

Seitansteak mit Rosmarin

Als Zubereitungsform bietet sich das Blanchieren an, da bei dieser Methode das Gemüse seine Farbe behält. Geben Sie das geputzte Gemüse in reichlich Salzwasser und lassen Sie es gar ziehen. Füllen Sie ein Sieb mit dem Gemüse und tauchen Sie es in eine mit Eiswasser gefüllte Schüssel. Wenn das Gemüse direkt verzehrt werden soll, können Sie es in heißer Butter oder in einer Soße wieder erwärmen.

Tofu

Falls Sie Wert darauf legen, dass die Vitamine und Nährstoffe beim Kochen erhalten bleiben, empfiehlt es sich, das Gemüse zu dämpfen. Geben Sie das Gemüse in einen Siebeinsatz, den Sie im geschlossenen Topf in Wasserdampf legen. Damit grüne Gemüsesorten ihre Farbe nicht verlieren, müssen Sie das Salz einfach durch Natron austauschen.

Bei einigen Gemüsesorten wird es erforderlich, dass sie vor der Weiterverarbeitung entwässert werden. Dies ist u. a. bei größeren Zucchini, Auberginen und Gurken der Fall. Auf diese Weise werden die unliebsamen Bitterstoffe entfernt und das Gemüse behält weiterhin seine Struktur. Zugleich wird weniger Fett zum Braten benötigt. Legen Sie auf einen

Gekochtes Gemüse

Tipp

Rosenkohl
Das Gemüse wird an allen Stellen gleich weich, wenn Sie die Schnittstellen per Hand nachschneiden und sie kreuzweise einstechen. Entfernen Sie zusätzlich dunkle und ledrig aussehende Außenblätter.

großen Teller einige Blätter Küchenkrepp, schneiden Sie das Gemüse in dünne Scheiben und geben Sie sie auf den Teller. Bestreuen Sie die Scheiben mit Salz und decken Sie sie mit einer weiteren Schicht Küchenkrepp ab. Nach rund einer Viertelstunde können Sie die Wassertröpfchen von den Gemüsescheiben tupfen. Generell sollten Sie beim Salzen von Gemüsesorten aufpassen. Wenn Sie z. B. Gemüse mit Salz bestreuen und es im Backofen warm stellen, können sich weiße Flecken auf der Oberfläche bilden. Statt das Gemüse direkt in Salzwasser zu kochen, sollten Sie das Salz kurz vor Ende der Garzeit zugeben. So hat das Gemüse Zeit, sein Eigenaroma abzusondern. Sollten Sie das Gemüse ein wenig zu lang gekocht haben, schrecken Sie es in einer Schüssel mit Eiswasser ab.

Gemüse kochen ohne Verfärben

Aus Artischocken und Blumenkohl lassen sich rasch zahlreiche schmackhafte vegetarische Gerichte zubereiten.
Um frische Artischocken verarbeiten zu können, müssen die Stiele zunächst von den Blüten getrennt werden. Die Artischocke an eine Tischkante anlegen – der Stiel sollte über den Rand hinausragen –, mit der einen Hand den Kopf festhalten und den Stiel mittels Drehbewegungen herauslösen. Blattspitzen mit einer Schere stutzen und die Spitze abschneiden. Damit die Artischocke beim Garen nicht

schwarz wird, muss sie komplett mit Wasser bedeckt sein. Zudem hilft es, die Artischocke vor dem Kochen mit einigen Spritzern Zitrone zu beträufeln. Gern können auch ein paar Zitronenscheiben direkt mitgekocht werden.

Artischocken

Blumenkohl bewahren Sie vor dem Verfärben, indem Sie ihn in einen relativ hohen Topf geben, der das Gemüse vor Luftzug beschützt. Aus diesem Grund sollte auch der Deckel nicht allzu oft angehoben werden. Blumenkohl wird bekömmlicher, wenn Sie nach rund fünfminütiger Garzeit das Wasser entfernen und das Gemüse mit kaltem Wasser abschrecken. Setzen Sie danach neues Wasser auf.

Blumenkohl

Auch bei Grünkohl kann es vorkommen, dass sich das typische Herbst-/Winteressen unansehnlich grau färbt. Das passiert meistens

Gekochter Grünkohl

Camembert-Blätterteigtaschen

Zutaten für 4 Portionen: 1 Rolle Blätterteig, 1 Camembert, 4 EL Tomatenpesto.

Zubereitung (ca. 30 min.): Backofen auf 200 °C vorheizen. Blätterteig ausrollen und in vier gleich große Stücke teilen. Jedes Quadrat mit 1 EL Tomatenpesto bestreichen und mit einem Stück Camembert belegen. Die Ecken nach oben klappen und zusammendrücken. Camembert-Blätterteigtaschen auf ein mit Backpapier ausgekleidetes Backblech stellen und ca. 20 min. backen.

dann, wenn der gekochte Grünkohl länger als einen Tag offen im Kühlschrank gelagert wurde. Es reicht aus, wenn Sie die obere getrocknete Schicht vor dem Aufwärmen entfernen. Zu oft sollten Sie den Grünkohl jedoch nicht aufwärmen, da er schnell bitter wird. Strecken Sie ihn mit ungewürztem Spinat.

Sauber arbeiten in der Küche

Hülsenfrüchte wie Linsen oder Bohnen müssen vor dem Kochen in ausreichend Wasser quellen und dabei ihr Volumen verdoppeln. Das Wasser darf auf keinen Fall weiterverwendet werden, da sich in ihm unverdauliche Stoffe gesammelt haben, die zudem blähend wirken. Werden die Hülsenfrüchte nach dem Quellen mit einem halben Teelöffel Natron versetzt, sind sie bekömmlicher. Es hilft auch die Einweichzeit, die sonst bei rund 12 Stunden liegt, zu verkürzen. Geben Sie die Hülsenfrüchte in eine Schüssel, befüllen Sie sie mit ausreichend Wasser – die Hülsenfrüchte müssen komplett bedeckt sein – und fügen Sie 1 TL Natron zu. Nach rund 90 min. können die Hülsenfrüchte weiterverarbeitet werden.

Verfärbte Finger, die durch das Arbeiten mit Roter Bete entstehen, können Sie vermeiden, indem Sie das Gemüse erst nach dem Garen in Scheiben schneiden. Die Knolle blutet ebenfalls nicht aus, wenn Sie vor dem Kochen den Blattansatz am Gemüse lassen. Generell ist es ratsam, Handschuhe zu verwenden, wenn Sie

Linsen

Grüne Bohnen
Aufgrund der enthaltenen blausäurehaltigen Eiweißstoffe dürfen grüne Bohnen nie roh verzehrt werden. Erkrankungen könnten die Folge sein. Durch das Kochen werden die Bohnen erst genießbar.

Grüne Bohnen

Rote Bete

Pilze säubern mit einer speziellen Pilzbürste

Rote Bete unter fließend kaltem Wasser sauber schrubben. Die Schale lässt sich leicht entfernen, wenn Sie die Rote Bete nach dem Kochen kalt abschrecken.

Pilze können auf verschiedene Weise gesäubert werden. Bei einigen Zuchtpilzen wie Champignons oder Shiitakepilzen reicht es aus, wenn sie mit einer speziellen Bürste geputzt oder mit nassem Küchenkrepp abgerieben werden. Trockene Stellen und Stiele einfach herausschneiden. Mithilfe eines Küchenpinsels lassen sich Pfifferlinge schnell und einfach säubern. Bei stärkeren Verschmutzungen brausen Sie die Pilze kurz ab und trocknen Sie sie auf Küchenkrepp. Beide Verfahren gelten auch für Morcheln, deren Kammern sich häufig mit Sand vollsaugen.

Pfifferlinge

Morcheln

Shiitakepilze

Parmesan-Pilz-Risotto

Zutaten für 4 Portionen: 1 l Gemüsebrühe, 2 Zwiebeln, 50 g Butter, 400 g Risottoreis, 200 g Sahne, 300 g Champignons, 150 g Austernpilze, 150 g Kräuterseitlinge, 3 Stängel Petersilie, 1/2 Bund Schnittlauch, 3 EL Olivenöl, 40 g geriebener Parmesan, Salz, frisch gemahlener Pfeffer.

Zubereitung (ca. 45 min.): Gemüsebrühe zum Kochen bringen. Zwiebeln waschen, schälen, in Würfel schneiden und die Hälfte in Butter dünsten. Risottoreis zugeben und glasig dünsten. Gemüsebrühe portionsweise zugießen und alles zum Kochen bringen. Risottoreis abgedeckt bei mittlerer Hitze ca. 20 min. quellen lassen. Nach und nach 100 g Sahne einrühren. Pilzsorten putzen und in Streifen schneiden. Petersilie sowie Schnittlauch waschen, trocken tupfen und klein hacken. Restliche Sahne steif schlagen, restliche Zwiebelwürfel in Olivenöl andünsten. Pilze zugeben und ca. 5 min. garen. Parmesan darüber streuen. In einer Schüssel Risottoreis und Pilze mischen und mit Salz sowie frisch gemahlenem Pfeffer abschmecken. Petersilie und Schnittlauch über das Parmesan-Pilz-Risotto geben, Sahne unterheben.

Tipp

Reis

Für Risotto können Sie den Reis vorab auch anbraten. Geben Sie ihn in ein Sieb, brausen Sie ihn ab und lassen Sie ihn abtropfen. Reis so lange in Öl anbraten, bis die Körner hochspringen.

Oregano

Rosmarin

Kleine Kräuterkunde

Die richtige Dosierung einzelner Gewürze hat großen Einfluss auf den Geschmack verschiedener Gerichte. Auch die Kombination mag wohlüberlegt sein. Frische Kräuter sind getrockneten Exemplaren vorzuziehen, da sie weniger Zeit benötigen, um ihr Aroma zu entfalten.

Viele Kräuter und Gewürze verleihen den Speisen nicht nur eine besondere Note, sie haben zudem eine heilende Wirkung. So wird z. B. das Verdauungssystem mithilfe von Rosmarintee in Schwung gebracht. Rosmarin findet vor allem in der mediterranen Küche Verwendung. Auch Bratkartoffeln, Grillmarinaden sowie Fleisch- und Gemüsegerichte harmonieren vorzüglich mit Rosmarin.

Ein weiterer Vertreter der beliebten Mittelmeerküche ist der Lippenblütler Oregano. Ganz klassisch bereichert er in getrockneter Form die eine oder andere Pizza. Doch auch verschiedene Grillmarinaden sowie Tomatensoßen werden gern oft mit Oregano verfeinert, der bei Rachenentzündungen sowie Er-

Basilikum

kältungen Linderung verschaffen kann. Eng verwandt mit Oregano ist Majoran. Vor allem Fleischgerichte wie Wild, Schweine- und Hammelbraten sowie Innereien erfahren durch das Kraut eine Bereicherung. Ein perfektes Trio bilden Basilikum, Tomaten sowie Mozzarella. Der Lippenblütler, der auch gegen Magen- und Nervenleiden, Verdauungsbeschwerden sowie Migräne hilft, wird gern zum Würzen von Nudeln oder Reis verwendet. Zugleich verleiht er Eiern sowie Pestos das gewisse kulinarische Extra.

Basilikum bevorzugt sonnenreiche Gebiete, kann aber auch im heimischen Garten oder auf der Fensterbank gezogen werden, wenn er ausreichend Wärme bekommt. Er sollte stets vor Kälte geschützt werden, da sich die Blätter sehr schnell braun färben. Basilikum sollten Sie erst nach dem Kochen zu den Speisen geben. Dies gilt auch für Petersilie, Kerbel, Zitronenmelisse und Schnittlauch. Bei Zitronenmelisse müssen Sie die harten Blätter entfernen, da sie bitter schmecken.

Zitronengras

Tipp

Zitronengras
Falls Sie Suppen, Currys, Meeresfrüchte oder Getränke mit Zitronengras würzen möchten, vergessen Sie nicht, die Blätter oder Bulben nach dem Kochen zu entfernen. Alternativ die Blätter fein hacken.

Passende Gewürze zum Gericht

Zum Verfeinern von einzelnen Fischsorten wie Lachs und Hering wird besonders in der skandinavischen Küche Dill, der auch als Hexenkraut bekannt ist, eingesetzt. Das beliebte Würzkraut, das in Form von Tee gut gegen Magenkrämpfe hilft und bei Säuglingen Blähungen lindert, verleiht Gurkensalaten sowie

Dill

Petersilie

Soßen und Dips den besonderen Pfiff. Helle Soßen, Suppen wie auch Rohkost können ebenfalls mit Dill gut kombiniert werden. In Dill lassen sich zudem wunderbar Gurken einlegen.

Petersilie wird nicht nur eine belebende Wirkung nachgesagt, die Pflanze aus der Familie der Doldenblütler wirkt zugleich harntreibend und besitzt viel Vitamin C. Das in Deutschland beliebte Kraut kann vielfältig kombiniert werden, denn es schmeckt sowohl zu Gemüse und Salaten als auch in Suppen und Eintöpfen sowie in Verbindung mit Fisch- und Fleischgerichten.

Thymian

In keiner Küche sollte Thymian fehlen, denn es verträgt sich mit zahlreichen Lebensmitteln und Speisen, z. B. Bratkartoffeln, Geflügel- und Lammgerichten, Fischvariationen sowie Tomaten. Auch lassen sich Marinaden, in denen Käse oder Oliven eingelegt werden, sehr gut mit Thymian anrühren.

Salbei

Kurkuma

Als eines der ältesten Heil- und Würzkräuter gilt Salbei, das für seine schweißhemmende sowie desinfizierende Wirkung bekannt ist. Mit Salbei lässt sich u. a. Bratfett aromatisieren, in das später verschiedene Fleisch- und Fischsorten gegeben werden können. Das in ganz Europa verbreitete Kraut passt zudem zu Kartoffeln, Nudeln, Schnitzeln, rustikalen Suppen sowie zu Eintöpfen.
Wer gern thailändisch, mexikanisch oder vietnamesisch kocht, greift für Chutneys, Curry, Relishes, Guacamole oder Wokgerichte zu Koriander. Die Samen werden zum Würzen, das Grün wird anstelle von Petersilie verwendet. Wegen seiner dominanten Note sollten Sie sich beim Würzen mit Kümmel zurückhalten. In der richtigen Dosierung verfeinert er jedoch Schweinebraten, Suppen und Kartoffeln vorzüglich.

Tipp

Kurkuma
Pur verwendetes Kurkumagewürz, das Teil von Worcestersoßen und Currygewürzmischungen ist, färbt die Speisen gelb. Kurkuma harmoniert gut mit Meeresfrüchten und Eiern.

Fisch und Fleisch einlegen

Durch Marinaden werden Fleisch und Grillgut besonders würzig und zart. Es wird zwischen Trockenmarinaden sowie kalten und heißen Marinaden unterschieden. Soll eine Speise nur kurz eingelegt werden, empfehlen sich kalte Marianden. Sie werden aus den gleichen Zutaten wie eine heiße Marinade zubereitet: z. B. 1 Bund frische Kräuter, Olivenöl, Knoblauch, Chili, Essig und verschiedene Gewürze.

Fleisch mit dem Pinsel marinieren

Mörser mit Gewürzen

Allerdings werden sie nicht erwärmt. Soll der Geschmack des Fleischstücks besonders intensiv ausfallen, greifen Sie am besten zu einer heißen Marinade. Sie macht das Fleisch wie auch Wild besonders aromatisch.

Trockenmarinaden werden aus Kräutern und Gewürzmischungen hergestellt, die teilweise vorab im Mörser zerkleinert werden. Das Geflügel oder Fleisch wird mit der Trockenmarinade eingerieben und mit Öl eingestrichen. Damit die Marinade gut in das Fleisch einziehen kann, sollte es komplett mit der Soße bedeckt sein. Das Fleisch in Alufolie wickeln oder in eine tiefe Schüssel geben und kühl lagern. Es hilft, wenn das Fleisch vorab mehrfach eingeschnitten oder es nach dem Einlegen im Gefrierbeutel für kurze Zeit geknetet wird. Das Fleisch sollte mindestens 3 Stunden marinieren. Sollte das Fleisch beim Grillen oder Bra-

Chili-Muskat-Marinade

Zutaten für 1 Portion: 1 rote Zwiebel, 2 Knoblauchzehen, 1 EL Fenchelsamen, 100 ml Ahornsirup, 80 g Tomatenmark, 50 g Butter, 2 TL Chiliflocken, 1 TL Meersalz.

Zubereitung (ca. 15 min.): Zwiebeln waschen, schälen und in Würfel schneiden. Knoblauchzehen schälen und fein hacken. Fenchelsamen ohne Fettzugabe kurz rösten und zermahlen. Alle Zutaten in einen Topf geben und zum Kochen bringen. Gelegentlich umrühren. Bei mäßiger Hitze ca. 10 min. köcheln lassen. Sobald die Marinade andickt, in eine Schüssel füllen und erkalten lassen.

ten nicht richtig braun werden, haben Sie es wahrscheinlich vorher nicht vollständig von der Marinade befreit. Wenn sie die Marinade abtupfen, können Sie auch verhindern, dass beim Grillen Öl in die Glut gelangt und sich Rauch entwickelt.

Sauce hollandaise

Soßen – der perfekte Begleiter

Was wäre Spargel ohne Sauce hollandaise? Die Soße gelingt ganz einfach, indem Sie 200 g Butter zerlassen, den entstehenden Eiweißschaum abschöpfen und die Butter abkühlen lassen. Auf einem Wasserbad 1 EL Wasser mit 3 Eigelben verrühren. Portionsweise die Butter zugeben und so lange rühren, bis die Soße eine feste Konsistenz annimmt. Sauce hollandaise mit Salz, frisch gemahlenem Pfeffer und Zitronensaft abschmecken. Das Wasserbad sollte nicht zu heiß sein, damit die Soße nicht gerinnt. Auch zu warme Zutaten können dazu führen, dass der Gerinnungsprozess einsetzt. Dies können Sie durch Zugabe von kaltem Wasser rückgängig machen. Alternativ können Sie die Soße auch von der Herdplatte nehmen und mit Eiswürfeln abkühlen.

Béchamelsoße, die auf Basis von Butter, Mehl, lauwarmer Milch, Pfeffer, Salz und Muskat hergestellt wird, ist ebenfalls anfällig für kleinere Missgeschicke. So kann es schnell passieren, dass die Soße klumpt. Um dies zu verhindern, streichen Sie das Mehl am besten vorab

Béchamelsoße

durch ein Sieb. Zudem sollte die Temperatur nicht allzu hoch ausfallen. Geben Sie die Milch portionsweise zur Masse und rühren Sie sie regelmäßig um, damit nichts anbrennt.

Sauce béarnaise

Aus einem aus Weißwein, Schalotten, Weißweinessig, Estragon sowie Kerbelstielen angesetzten Sud, in den bei geringer Hitze in einem Wasserbad Eigelb, Butter, Salz, Pfeffer und gehackte Kerbelblättchen eingerührt werden, wird in wenigen Schritten eine schmackhafte Sauce béarnaise zubereitet. Der Klassiker der französischen Küche passt perfekt zu gedünstetem Fisch sowie kurzgebratenem oder gegrilltem Fleisch. Zugleich verfeinert und aromatisiert sie fade Soßen oder verleiht ihnen eine dunkle Färbung.

Estragon

Durch Zugabe von zu viel Estragon – es reichen 2 Stängel – oder Lauch kann die Soße jedoch eine bittere Note erhalten. Geben Sie ein wenig Zucker in die Soße und ergänzen

Gremolata

Zutaten für 1 Portion: 1 Handvoll glatte Petersilie, 1 Knoblauchzehe, etwas abgeriebene Schale von 1 unbehandelten Zitrone.

Zubereitung (ca. 5 min.): Petersilie waschen, trocken tupfen und klein hacken. Knoblauchzehe schälen, zur Petersilie geben und fein hacken. Zitronenschale unterheben, Gremolata bis zum Servieren im Kühlschrank aufbewahren. Gelegentlich umrühren.

Sie sie mit einigen Löffeln Sauce hollandaise, falls welche zur Hand ist. Zu dünne Soßen können mit etwas angerührter Stärke gerettet werden. Sauer schmeckende Soßen können Sie mit angerührtem Puderzucker oder verkochtem Karamell nachsüßen. Im umgekehrten Fall Essig oder alternativ herben Wein zufügen.

Tipp

Fonds

Gemüsefond verlangt nach verschiedenen Gemüsesorten und sollte nicht mit Flüssigkeit von blanchiertem Gemüse aufgegossen werden. Bei Fischfond auf Haut sowie Fettfische verzichten, sonst schmeckt er bitter.

Gorgonzola-Soße

Zutaten für 4 Portionen: 2 EL Rotweinessig, Salz, frisch gemahlener Pfeffer, 6 EL Olivenöl, 30 g cremiger Gorgonzola.

Zubereitung (ca. 5 min.): Rotweinessig, Salz und frisch gemahlenen Pfeffer miteinander vermischen. Olivenöl portionsweise unterrühren. Mit Gorgonzola ebenso verfahren. Gorgonzola-Soße mit Salz und frisch gemahlenem Pfeffer abschmecken.

5. Dessert: Kuchen, Pudding, Obst & Käse

Den krönenden Abschluss eines jeden Menüs bildet der Nachtisch. Hier haben Sie die freie Auswahl: Angefangen bei süßen sowie cremigen Kuchen und Torten über fruchtige und vitaminreiche Obstsalate bis hin zu herzhaft belegten Käseplatten. Mit unseren einfachen Grundrezepten, die sich vielfältig variieren lassen, gelingt Ihnen jedes Gebäck, auch selbst gemachter Vanillepudding ist kein Problem.

Tortenboden

Backzutaten

Ein Teig – viele Möglichkeiten

Um ein schmackhaftes Dessert zu kredenzen, reicht es aus, einen der vier folgenden Grundteige zu beherrschen: Rührteig, Biskuitteig, Quark-Öl-Teig oder Mürbeteig.

Luftig anmutende Biskuitrollen, locker-leichte Kuchen wie Sachertorte oder verschiedene Schichtkuchen lassen sich aus Biskuitteig herstellen. Für einen einfachen Boden, der sich mindestens einmal in der Mitte teilen lässt, müssen Sie drei Eier sorgfältig trennen und das Eiweiß mit dem Handrührgerät steif schlagen. Achten Sie darauf, dass sich in dem Eiweiß keine Spuren des Eigelbs befinden. Auch müssen die Einsätze des Handrührers sowie die Rührschüssel komplett sauber und frei von Fettrückständen sein. Geben Sie 12 g Zucker

sowie 1 Päckchen Vanillezucker portionsweise zur Eiweißmasse. Rühren Sie nun ebenfalls portionsweise die Eigelbe unter den Teig.

Vermischen Sie in einer zweiten Rührschüssel eine Messerspitze Backpulver mit 80 g Mehl und 25 g Speisestärke. Sieben Sie das Gemisch über den Teig und heben Sie es mit einem Teigschaber oder einem Schneebesen vorsichtig unter die Masse. Durch das Heben erhält der Teig seine charakteristische luftige Konsistenz. Der Teig sollte zügig nach der Zubereitung weiterverarbeitet werden. Kleiden Sie daher das Backblech bereits vorab mit Backpapier aus. Alternativ können Sie eine Kuchenform vorbereiten, die jedoch nur am Boden gefettet werden darf. Bedenken Sie, dass sich in diesem Fall die Backzeit um rund 20 min. verlängert. Füllen Sie den Teig in die Kuchenform oder streichen Sie ihn auf ein Backblech und backen Sie ihn im vorgeheizten Backofen bei 180 °C für ca. 10 min. Den Biskuitboden auf ein Kuchengitter geben, das Backpapier befeuchten und abziehen. Falls Sie den Boden später als Rolle verwenden möchten, stürzen Sie ihn auf ein mit Zucker bestreutes Küchentuch und rollen Sie es auf. Nach dem Auskühlen kann die Rolle nach Belieben gefüllt werden.

Kuchenteig

Tipp

Biskuit teilen

Stechen Sie eine ca. 2 cm tiefe Kerbe in den Rand des Biskuitbodens. Legen Sie einen Bindfaden komplett um den Boden, kreuzen Sie die Fäden am Ende und ziehen Sie sie parallel zum Boden auseinander.

Kuchen ist schnell gemacht

Ein wahrer Alleskönner ist Rührteig, der vielfältig variiert werden kann – sei es z. B.durch das Beimischen von Mandeln, Nüssen, Rosinen, Kakaopulver oder Zitronensaft. Hierbei gilt es zu beachten, dass sämtliche Zutaten Zimmertemperatur aufweisen sollten: Eier, Butter und Milch rechtzeitig aus dem Kühlschrank holen!

Falls der Teig doch gerinnen sollte, bekommen Sie ihn durch das Rühren im Wasserbad wieder cremig. 250 g Butter und 250 g Zucker sollten so lange mit dem Handrührer bearbeitet werden, bis sich der Zucker aufgelöst hat und der Teig eine weiß-cremige Farbe und Konsistenz annimmt. 4 Eier einzeln zur Masse geben. Zuletzt 500 g Mehl und 1 Päckchen Backpulver sowie 125 ml Milch zufügen. Die Eier sollten jedoch nur kurz untergerührt werden, damit der Teig nicht zäh wird. Wenn der Teig reißend von den Einsätzen fällt, hat er genau die richtige Konsistenz.

Eine Kuchenform fetten, mit Mehl bestäuben und den Teig hineingeben. Kuchen danach ca. 1 Stunde bei 150 °C backen. Stechen Sie kurz vor Ende der Backzeit mit einem Holzstäbchen leicht in den Kuchen. Bleibt Teig hängen, muss der Kuchen

Mit dem Handrührer den Teig verarbeiten

noch weiterbacken. Verwenden Sie eine Kastenform, schneiden Sie den Kuchen nach rund 15 min. der Länge nach ein wenig ein.
Auch Quark-Öl-Teig lässt sich schnell zubereiten und zu süßen Desserts wie Obstkuchen sowie zu herzhaften Speisen wie Gemüsequiches weiterverarbeiten. Verkneten Sie 6 EL geschmacksneutrales Öl mit 6 EL Milch, 150 g Quark und 1 Ei. Vermischen Sie in einer zweiten Schüssel 300 g Mehl, 75 g Zucker, Salz und 1 Päckchen Backpulver, geben Sie alles zu den flüssigen Zutaten und formen Sie eine große Kugel oder mehrere kleine Kugeln, die Sie flach ausrollen. Sie können den Teig nun mit

Stäbchenprobe

Scones

Zutaten für 24 Stücke: 500 g Mehl, 40 g Zucker, 1 Päckchen Backpulver, Salz, 3 Eier, 120 g Butter, 250 g Vollmilchjoghurt, 1 Eigelb.

Zubereitung (ca. 30 min.): Backofen auf 170 °C vorheizen. Mehl, Zucker, Backpulver, Salz und 2 Eier miteinander vermengen. Butter in Flöckchen sowie Vollmilchjoghurt zufügen und zu einem geschmeidigen Teig kneten. Teig auf einer bemehlten Arbeitsfläche dünn ausrollen. 24 Kreise mithilfe eines Glases ausstechen und sie auf ein mit Backpapier ausgekleidetes Blech legen. Drittes Ei trennen. Eigelb mit 1 EL Wasser verschlagen und die Oberfläche der Scones damit bestreichen. Scones ca. 15 min. backen.

Scones mit Marmelade

Tipp

Glasur
Einen perfekten Glanz erhalten Schokoladenglasuren durch Zugabe von Kokosfett. Alternativ schmelzen Sie die Glasur zusammen mit einem Schuss Sahne. Sie verhindert, dass die Schokolade bricht.

Früchten belegen und ihn bei 150 °C für ca. 30 min. im Backofen backen. Zusätzliche Milch sorgt dafür, dass der Teig weicher wird, Mehl bewirkt das Gegenteil.

Teig ausrollen leicht gemacht

Nicht nur die an Weihnachten beliebten Ausstechplätzchen werden aus Mürbeteig hergestellt, auch fruchtige Blechkuchen sowie Tortenböden setzen auf den knusprigen Teig. Damit er gelingt, sollten das Ei sowie die 125 g Butter bei der Verarbeitung noch gut gekühlt sein. Sie werden mit 250 g Mehl und 75 g Zucker verknetet. Zwischenzeitlich den Teig mit den Händen walken, da er durch das Kneten

Teig mit den Händen walken

Zitronen-Mohn-Muffins

Zutaten für 8 Stücke: 140 g Mehl, 120 g Zucker, 1 TL Backpulver, 40 g Butter, 1/2 TL abgeriebene Schale von einer unbehandelten Zitrone, 20 g Backmohn, 120 ml Buttermilch, Mark von 1 Vanilleschote, 1 Ei.

Zubereitung (ca. 25 min.): Backofen auf 175 °C vorheizen. Mehl, Zucker, Backpulver, Butter, Zitronenschale sowie Backmohn miteinander vermengen. In einer zweiten Schüssel Buttermilch, Mark von 1 Vanilleschote sowie Ei verschlagen und zu den trockenen Zutaten geben. Den glatten Teig in Muffinförmchen füllen und ca. 15 min. backen.

mit dem Handrührer häufig an Elastizität verliert. Soll der Teig etwas feiner werden, geben Sie nur 200 g Mehl hinzu und ergänzen Sie 50 g gemahlene Mandeln. Den Teig in Frischhaltefolie wickeln und für rund eine halbe Stunde in den Kühlschrank geben.

Der Teig lässt sich leichter und gleichmäßiger rollen, wenn er zwischen die Seiten eines aufgeschnittenen Gefrierbeutels gelegt wird. Zudem hilft es, dem Teig 2 TL Zitronensaft beizumengen. Um einen Rand formen zu können,

Teig blindbacken mit Hülsenfrüchten

sollte der Teig stets größer als die Kuchenform ausgerollt werden. Bevor Sie den Boden mit Obst belegen, geben Sie ein wenig Paniermehl in die Form. Es verhindert, dass der Boden durchweicht. Kuchen bei 150 °C backen. Die Backzeit ist abhängig von der Füllung. Wenn sie erst nach dem Backen zugefügt werden soll, müssen Sie den Kuchen blindbacken. Hierfür den Boden mehrfach mit einer Gabel einstechen, mit Backpapier auskleiden, mit getrockneten Hülsenfrüchten belegen und ca. 10–15 min. backen.

Tarte Tatin

Zutaten für 12 Stücke: 200 g Mehl, 125 g + 3 EL Puderzucker, Salz, 225 g Butter, 1 Ei, 750 g säuerliche Äpfel, 2 EL Zitronensaft.

Zubereitung (ca. 75 min.): Mehl mit 3 EL Puderzucker, 1 Prise Salz, 100 g Butter, Ei sowie 2 EL Wasser zu einem glatten Teig verkneten. Teig zu einer Kugel formen, in Klarsichtfolie wickeln und für ca. 30 min. in den Kühlschrank legen. Äpfel schälen, vom Kerngehäuse befreien, in Spalten schneiden und mit Zitronensaft beträufeln. Backofen auf 175 °C vorheizen. Restlichen Puderzucker mit 5 EL Wasser in einer ofenfesten Pfanne karamellisieren. 125 g Butter zufügen und darin schmelzen. Apfelspalten in den Karamell legen und bei schwacher Hitze ca. 4 min. dünsten. Teig ausrollen und als Deckel über die Apfelspalten legen. Tarte Tatin ca. 30–35 min. backen. Herausholen, in der Form für ca. 5–8 min. abkühlen lassen. Sobald das Karamell fest wird, die Tarte Tatin stürzen.

Gesunder Nachtisch

Statt kalorienreichen Kuchen können Sie Ihren Gästen auch einen vitaminreichen Obstsalat reichen. Wenn Sie Obst der Saison verwenden, können Sie sogar auf Zucker verzichten.

Klein geschnittene Bananen und Äpfel färben sich schnell braun. Falls Sie den Obstsalat nicht direkt servieren, pressen Sie eine Grapefruit oder eine Orange aus, geben Sie den Saft in die Schüssel und verteilen Sie die Obststücke darüber. Die Säure verhindert, dass die Verfärbung eintritt.

Nicht alle Obstsorten lassen sich so leicht schneiden wie eine Banane oder ein Apfel.

Orangensaft, frisch gepresst

Obstsalat

Ananas

Um an das süßliche Fruchtfleisch einer Ananas zu gelangen, deren Verzehr sich positiv auf unsere Stimmung auswirkt und die körpereigene Elastinbildung im Bindegewebe anregt, müssen Sie mit einem großen scharfen Messer die Schale von oben nach unten von der Ananas trennen. Schneiden Sie anschließend den Strunk heraus. Grüne Blätter ohne Verfärbungen sowie ein intensiver Geruch sind Indizien dafür, dass das den Stoffwechsel anregende Obst reif ist.

Mit reichlich Spurenelementen und Mineralien, u. a. Jod, Zink, Kalzium, Phosphor und Magnesium, wird der Körper durch den Verzehr von Mangos versorgt. Die leicht verträgliche Frucht, die nicht nachreift, muss vor dem Essen unbedingt geschält werden. Schneiden Sie links und rechts vom harten Kern zwei gleich große Teile ab und lösen Sie mit einem Löffel das Fruchtfleisch aus den beiden Hälften. Fahren Sie dabei nah an der Schale entlang. Ob die säurearme Frucht reif ist, erkennen Sie an der glänzenden Schale, die bei leichter Druckausübung nachgibt, sowie am Duft. Auch die Schale von Granatäpfeln, die als besonders kalorienarm gelten und

Mango

Grapefruit
Falls Sie regelmäßig Medikamente einnehmen müssen, verzichten Sie auf den Verzehr von Grapefruits. Sie verstärken die Wirkung der Medikamente.

die Verdauung anregen, verfügt über eine intensive Farbe, wenn das Obst reif ist. Die Südfrüchte sollten immer im reifen Zustand gekauft werden. Granatäpfel, die zur Verhinderung eines hohen Blutdrucks beitragen, können ganz einfach von den Kernen befreit werden, indem Sie eine Spalte aus dem Obst schneiden, den Granatapfel danach mit leichtem Druck auseinanderbrechen und die Kerne herausdrücken.

Granatapfel

Erdbeersorbet

Zutaten für 1 Liter: 150 g Zucker, 50 ml Mineralwasser, 900 g Erdbeeren, 1 EL Zitronensaft.

Zubereitung (ca. 15 min.): Bei mäßiger Hitze Zucker und Mineralwasser so lange erwärmen, bis sich der Zucker aufgelöst hat. Kurz aufkochen und Flüssigkeit anschließend abkühlen lassen. Erdbeeren putzen, waschen und vom Stielansatz befreien. Mit dem Zitronensaft in den Zuckersirup geben und pürieren. Durch ein Sieb streichen und in einen gefriergeeigneten Behälter füllen. Für mehrere Stunden kalt stellen.

Kiwis

Kiwis sind besonders kalorienarm, sollten jedoch nicht in Kombination mit Milchprodukten verarbeitet werden. Das in den Vitamin-C-reichen Kiwis befindliche Enzym, das auch in Ananas enthalten ist, sorgt dafür, dass die Milch bitter wird. Essen Sie zum Beispiel Joghurt oder frische Stippmilch getrennt von Kiwi- und Ananasscheiben. Kommt Gelatine mit Kiwifruchtfleisch in Berührung, gerinnt sie.

Tipp

Kiwi
Sollten Sie allergisch auf den Verzehr von Kiwis reagieren, versuchen Sie die Sorte Kiwi Gold. Sie ist bekömmlicher als die bekanntere Kiwi Green und an der glatten Schale sowie der ovalen Form zu erkennen.

Glasierte Früchte

Zutaten für 6 Portionen: 675 g Obst, z. B. Erdbeeren, Heidelbeeren, Physalis, Weintrauben, 150 ml Wasser, 500 g Zucker, 150 Glucosesirup.

Zubereitung (ca. 20 min.): Obst waschen, bei Bedarf vom Stielansatz oder von Blüten befreien. Früchte auf Holzspieße stecken. Wasser, Zucker und Glucosesirup so lange bei schwacher Hitze kochen, bis sich der Zucker aufgelöst hat. Flüssigkeit bis zu einer Temperatur von 155 °C aufkochen (Zuckerthermometer zu Hilfe nehmen). Obst in den Sirup tauchen und trocknen lassen.

Exotische Früchte vorbereiten

In Deutschland weniger bekannt ist die Pomelo, eine Kreuzung aus Pampelmuse und Grapefruit, die äußerlich ein wenig an eine überdimensionierte Birne erinnert. Es ist ein wenig Geschick erforderlich, um an das sauer-bitter schmeckende Fruchtfleisch zu gelangen, das von einer dicken Schale umgeben ist. Entfernen Sie die Schale vorsichtig mit einem scharfen Messer. Schneiden Sie mehrere Stücke aus der Pomelo und trennen Sie das Fruchtfleisch von der weißen Haut.

Pomelo

Exotisch kommt auch die Drachenfrucht daher, die zu rund 90 Prozent aus Wasser besteht. Je dunkler die Färbung, umso reifer das Obst, das in einigen Ländern auch als gelbe Variante erhältlich ist. Das weiße Fruchtfleisch der Drachenfrucht, die auch unter dem Namen Pitahaya bekannt ist, ist von zahlreichen schwarzen Samen durchzogen. Sie können gefahrlos mitgegessen werden, wirken jedoch

Drachenfrucht

Tipp

Avocado
Die von den Azteken kultivierte Frucht oxidiert nach dem Aufschneiden sehr schnell. Beträufeln Sie das Fruchtfleisch mit einem Spritzer Zitronensaft, nachdem Sie die Hälften vom Kern gedreht haben.

bei übermäßigem Verzehr abführend, insbesondere wenn sie zerkaut werden.

Gut für die Haut sind Papayas, die zugleich entwässernd wirken und die Verdauung fördern. Noch nicht komplett ausgereift sind grün gefärbte Papayas. Sie reifen auch nicht nach. Einzig gelb oder gelborange gefärbte Papayas, die bei Druckausübung leicht nachgeben und die einen leichten Duft verströmen, können noch nachreifen. Mithilfe eines Sparschälers können Sie die Schale von den tropischen Früchten entfernen. Halbieren Sie das Obst längs mit einem scharfen Messer und lösen Sie mit einem Löffel die Kerne heraus.

Bei Avocados greifen Sie am besten zu Exemplaren mit harter und grün-gelblicher Schale, denn sie reifen später noch nach. Die Schale muss sich eindrücken lassen können.

Papaya

Avocado

Frische Waffel mit Obst und Sahne

Desserts in allen Variationen

Eine gute Figur machen die einzelnen Früchte auch in Puddings, auf Waffeln sowie in anderen Milch- oder Mehlspeisen. Soll Pudding in Eigenregie entstehen, müssen Sie 4 Eier trennen und die Eigelbe mit 50 g Zucker, 2 gehäuften EL Mehl (alternativ Speisestärke) sowie 100 ml Milch verrühren.

Das Mark von 1 Vanilleschote auskratzen, in 300 ml Milch einrühren und Gemisch zum

Kochen bringen. Sobald die Milch kocht, die Zucker-Eier-Mehl-Masse langsam einrühren. Masse so lange weiterkochen, bis der Pudding eine feste Konsistenz annimmt. Den Pudding bei Bedarf noch heiß in spezielle Puddingformen geben, die vorab mit kaltem Wasser ausgespült wurden. Damit der Pudding komplett fest wird und ein schönes Äußeres bekommt, die Förmchen für mindestens 4 Stunden in den Kühlschrank stellen.

Der Pudding lässt sich besser stürzen, wenn der obere Teil vorher mit einem spitzen Messer von der Form gelöst wird. Etwas lockerer wird er durch Eischnee. Die verbliebenen drei Eiweiße steif schlagen – es muss ein Messerschnitt sichtbar bleiben – und unter den heißen Pudding heben. Wenn Sie den Kochtopf vorab mit kaltem Wasser ausspülen, brennt die Puddingmasse nicht so schnell an. Falls Sie

Zutaten für einen Vanillepudding

Vanillesoße

Zutaten für 1 Portion: 1 Vanilleschote, 500 ml Milch, 6 Eigelbe, 100 g Zucker.

Zubereitung (ca. 15 min.): Vanilleschote in die Milch legen und aufkochen. Vanilleschote entfernen, aufschneiden und mit einem spitzen Messer das Mark herauskratzen. Mark in die Milch geben. Eigelbe und Zucker cremig rühren. Vanillemilch portionsweise unter die Eigelb-Zucker-Masse rühren. Vanillesoße erhitzen, aber nicht kochen. So lange rühren, bis die Masse andickt.

vermeiden möchten, dass sich Haut auf dem Pudding bildet, bedecken Sie die Oberfläche nach dem Füllen der Förmchen leicht mit Puderzucker. Alternativ können Sie die Oberflä-

Tipp

Pfannkuchen
Die süßen Fladen lassen sich besser aufbewahren, wenn Sie sie in Streifen schneiden und auf Küchenkrepp trocknen lassen. Geben Sie die Streifen in eine Plastikdose und lagern Sie sie bei Zimmertemperatur.

che auch mit einer Klarsichtfolie abdecken. Pfannkuchen und Crêpes gelingen besser, wenn die Bratpfanne bereits heiß ist, sobald Sie den Teig einfüllen. Zu heiß darf sie aber auch nicht sein, da sich ansonsten die Ränder aufrollen. Knuspriger werden Crêpes durch das Beimischen von Mineralwasser. Beide Sorten lassen sich im Backofen warm halten. Sie trocknen nicht aus, wenn sie mit eingefettetem Pergamentpapier bedeckt werden. Zudem sollten Sie ein mit Wasser gefülltes Schüsselchen dazustellen.

Schokolade-Erdnussbutter-Konfekt

Zutaten für 15 Stück: 220 g Vollmilchschokolade, 50 g Kokosfett, 70 g Erdnussbutter.

Zubereitung (ca. 20 min.): Vollmilchschokolade klein hacken. Im Wasserbad bei geringer Hitze gemeinsam mit dem Kokosfett schmelzen. Regelmäßig umrühren. Sobald beides flüssig geworden ist, den Topf von der Herdplatte nehmen, Masse mit Erdnussbutter vermischen und so lange weiterrühren, bis sie sich ein wenig abgekühlt hat. Schokolade-Erdnussbutter-Konfekt in Förmchen füllen und fest werden lassen. Bis zum Servieren in den Kühlschrank stellen.

Welcher Käse darf es sein?

Wer es nicht ganz so süß mag, präsentiert seinen Gästen als Nachtisch eine dekorativ angerichtete Käseplatte. Hierfür eignet sich hervorragend Appenzeller, der in sechs verschiedenen Sorten erhältlich ist. Der würzige Schnittkäse aus der Schweiz wird mit Kräutern ummantelt, die in der Appenzeller Hügellandschaft rund um den Berg Säntis geerntet werden. Den Käse gibt es auch in einer milden Variante oder als Fonduekäse.

Käseplatte

Ein Stück des Blauschimmelkäses Bleu d'Auvergne, der sehr gut mit einem Glas Sauternes harmoniert, bereichert die Käseplatte ungemein. Servieren Sie zusätzlich ein paar Nüsse oder ein wenig Chicorée, denn dann entfaltet der aus Kuhmilch gewonnene Käse, der nur in den französischen Regionen Auvergne, Languedoc, Limousin sowie in den Pyrenäen hergestellt werden darf, sein volles Aroma.

Chicorée-Salat mit Walnüssen und Blauschimmelkäse

Etwas ausgefallener mutet der britische Blue Stilton an. Der Blauschimmelkäse, dessen Rinde weder eine bräunliche Schmiere noch eine weiße Kalkschicht aufweisen darf, da er dann ungenießbar ist, wird in seiner Heimat gern zusammen mit Crackern gereicht. Unser Serviervorschlag: Schaben Sie mit einem Messer oder einem Apfelausstecher eine kleine Mulde in den Blue Stilton und geben Sie einen Tropfen Portwein hinein.

Blue Stilton

Auf keinen Fall sollten Sie ein Stück Brie auf der Käseplatte vergessen, der in der Regel auf Stroh- oder Kunststoffmatten für drei bis zehn Wochen reift.

Beliebt bei Jung und Alt ist ein Stück Edamer. Überraschen Sie Ihre Gäste, indem Sie ihnen Edamer präsentieren, der aus Rohmilch hergestellt wurde. Sie erhalten ihn im gut sortierten Fachgeschäft. Er weist eine würzigere und schärfere Note auf als der aus pasteurisierter Kuhmilch angesetzte Edamer.

Leicht süßlich, fast schon wie Honig schmeckt die weiße Variante des Hartkäses Wensleydale. Wenn der nussig anmutende Käse eine krümelig-feuchte Struktur aufweist, hat er seinen geschmacklichen Höhepunkt erreicht.

Hartkäse Wensleydale

Tipp

Käseplatte
Peppen Sie die Käseplatte mit dem Halbhartkäse Tête de Moine auf. Er wird nicht in Scheiben oder Stücke geschnitten, sondern mithilfe einer speziell entwickelten Girolle zu feinen Röschen geschabt.

6. Getränke

Vielen Hobbyköchen ist oft nicht bewusst, dass nicht nur Gewürze, sondern auch Getränke großen Einfluss auf den Geschmack einzelner Speisen nehmen. Sie verstärken oder schwächen die Eigenschaften einiger Lebensmittel. Wir verraten Ihnen, welche Mineralwassersorte Sie zu welchem Wein trinken sollten, wie Sie eine gesunde und erfrischende Schorle mixen, die auch Kindern schmecken wird, und welcher Wein mit welchen Gerichten am besten harmoniert.

Wasser und Wein

Was wäre ein schönes Mittag- oder Abendessen ohne das passende Getränk? Egal, welches Menü Sie Ihren Gästen auftischen, Sie sollten stets ein Glas Wasser dazureichen, denn es sorgt dafür, dass die einzelnen Aromen der unterschiedlichen Lebensmittel sowie des begleitenden Weins problemlos herausgeschmeckt werden können. Da Alkohol und Kaffee eine entwässernde Wirkung haben, ist ein Schluck Wasser zwischendurch zu empfehlen. Er sorgt zudem dafür, dass der Magen das Heißgetränk besser verträgt, da Wasser die Magensäure, die durch den Genuss von Kaffee angeregt wird, verdünnt. Möchten Sie die Wirkung eines Weins verstärken oder abmildern, sollten Sie je nach Sorte kohlensäurereiches oder -armes Mineralwasser bereitstellen.

Espresso und Wasser

Säurereiche Weißweine wie Grau- oder Weißburgunder sowie tanninhaltige Rotweine erhalten beispielsweise eine mildere

Note, wenn Sie Mineralwasser mit einem hohen Anteil an Hydrogencarbonat sowie Magnesium und Kalzium, aber mit wenig Kohlensäure trinken. Diese Sorte empfiehlt sich auch beim Genuss von Chardonnay oder Riesling. Das Hydrogencarbonat, das Salz der Kohlensäure, bewirkt, dass bei einem Ungleichgewicht der Säure-Basen-Haushalt im Körper ausbalanciert wird. Zugleich können Harnwegsentzündungen sowie Harnsteinleiden eingedämmt werden. Auch wird der Blutdruck durch die Aufnahme von Hydrogencarbonat reguliert. Sind diese Mineralwassersorten zugleich noch mit einem hohen Anteil an Natrium und Chlorid ausgestattet, ist ihr Aroma als leicht salzig einzustufen.

Tipp

Wasser

Kombinieren Sie Wein nicht mit Tafel- oder Heilwasser, denn sie werden meist mit künstlicher Kohlensäure angereichert, da sie nicht natürlichen Ursprungs sind. Das schmälert den Geschmack.

Rot- und Weißwein

Rotweine erhalten durch salzige Wasser eine bittere Note. Liebliche, halbtrockene sowie säurearme Weine wie Müller-Thurgau oder Gewürztraminer harmonieren perfekt mit Mineralwassersorten, die reich an Kohlensäure sind und als neutral bezeichnet werden, da sie die Säure der Weine betonen. Die Süße des Weins kommt ebenfalls besser durch.

Auf die Lagerung kommt es an

Damit dem Weingenuss nichts im Wege steht, sollten Sie sich rechtzeitig um die Beschaffung des edlen Tropfens kümmern, denn einige Weine sollten vor dem Verzehr rund eine Woche liegen. Lagern Sie ihn an einem kühlen und dunklen Ort. Achten Sie darauf, dass Weine, die mit einem Presskork versehen sind, aufrecht gelagert werden, damit sie keinen Korkgeschmack annehmen. Echte Korken müssen hingegen feucht bleiben, ansonsten

Weinregal aus Metall

werden sie undicht. Aus diesem Grund müssen Sie mit echtem Kork verschlossene Rotweinflaschen liegend aufbewahren.

Kein Wein gleicht dem anderen und muss daher unterschiedlich gekühlt werden. Leichte Weißweine wie beispielsweise Pinot grigio und Frascati verlangen nach einer Temperatur zwischen 8 und 10 °C. Legen Sie den Wein für mindestens 3, maximal 5 Stunden in den Kühlschrank. Für 2–3 Stunden gekühlt gehören Portweine, Roséweine und kräftige Weißweine, u. a. Weißherbst, Chardonnay sowie Meursault, damit sie eine Temperatur zwischen 12 und 14 °C erreichen.

Pinot noir, leichte Merlotweine und andere weiche Rotweine sollten beim Entkorken ca. 14 °C kalt sein. Ihre Kühldauer beträgt meist

Tipp

Weinglas
Ein gutes Weinglas sollte stets dünnwandig sein, damit der Wein mit der Zunge und so mit allen Sinnen wahrgenommen werden kann. Am Zungenrand kommt die Säure zur Geltung, die Spitze erkennt die Süße.

Weinkühler

Weinkühler aus Kunststoff

2–3 Stunden, wobei die Weine eine Stunde vor dem Öffnen aus dem Kühlschrank genommen werden sollten. Mit 16–18 °C vertragen kräftigere Rotweine wie Bordeaux, Chianti Classico sowie Cabernet-Sauvignon-Weine etwas wärmere Temperaturen und können daher im Keller gelagert werden. Rund 2 Stunden vor dem Entkorken können Sie ihn hervorholen.

Die Kühlung sollten Sie strikt einhalten, da die verschiedenen Inhaltsstoffe des Weins auf Temperatur reagieren. Bei warmem Wein werden beispielweise Säure und Süße verstärkt wahrgenommen. Im Weinkühler oder durch eine in der Tiefkühltruhe gelagerte Kühlbandage, die mit Gel gefüllt ist, lassen sich Weine auf dem Tisch kühl halten.

Weinflaschen im edlen Weinkühler

Früchtecocktail

Zutaten für 4 Portionen: 250 g Erdbeeren, 150 g Sauerkirschen, 3 EL Zucker, 2 EL Zitronensaft, 200 ml Eistee, 300 ml trockener Sekt.

Zubereitung (ca. 10 min.): Erdbeeren putzen, waschen und vom Stielansatz befreien. Sauerkirschen waschen und entsteinen. Beides mit Zucker bedecken und Saft ziehen lassen. Früchte pürieren und mit Zitronensaft, Eistee sowie Sekt auffüllen. Früchtecocktail gut verrühren.

Es gefällt, was schmeckt

Früher galt die Sitte, dass Sie sich hinsichtlich der Weinauswahl an der Farbe des Gerichtes orientieren sollten. Helles Fleisch, das in Kombination mit einer hellen Soße gereicht wird, verträgt sich gut mit einem Weißwein oder einem leichten und hellen Rotwein. Ein dunkler Rotwein harmoniert u. a. mit Schmortöpfen sowie dunklen Soßen. Heute gilt eher die Regel: Tischen Sie den Wein auf, der Ihnen schmeckt.

Wenn Sie sichergehen wollen, orientieren Sie sich z. B. an der Jahreszeit. Zu deftigen Wintergerichten passen dunkle und gehaltvolle Weine. Im Sommer sollten es eher helle oder fruchtigere Weine sein. Servieren Sie ein komplettes Menü, das relativ vielschichtig ist und verschiedene Geschmacksnerven anspricht, greifen Sie am besten zu einem facettenreichen Wein, der eine längere Reifezeit hinter sich hat. Verlassen Sie sich bei der Auswahl des Weins auf Ihre Geschmacksnerven. So

Tipp

Rotwein
Sein vollständiges Aroma erreicht Rotwein – insbesondere junger, mitunter unausgewogener –, wenn Sie ihn einige Stunden vor dem Servieren aus der Flasche in eine Karaffe mit breitem Boden füllen.

Holunderbeeren

sollten Sie besser keine Weine und Lebensmittel kombinieren, die jeweils die Komponenten sauer und bitter, bitter und bitter, sauer und sauer oder salzig und salzig ansprechen. Tragen Sie junge, weiche Weine vor schweren und älteren Sorten auf.

Holunder-Cidre

Zutaten für 4 Portionen: 4 cl Holunderbeerensaft, 800 ml Cidre.

Zubereitung (ca. 2 min.): Je 1 cl Holunderbeerensaft in ein Glas geben und mit gekühltem Cidre mischen.

Cidre

Auf Zucker verzichten

Für Erfrischung an Grillabenden sorgen fruchtige Saftschorlen. Doch Fertigprodukte enthalten reichlich Zucker. Mischen Sie die Saftschorle am besten selbst. Sie können Sie problemlos Ihren Kindern zum Trinken reichen. Hierbei sollte der Anteil des Mineralwassers doppelt so hoch ausfallen wie der des Saftes. Der Körper wird mit reichlich Magnesium sowie Kalzium versorgt und erhält neue Energie. Soll es stattdessen lieber eine kühle Limonade sein, rühren Sie sie am besten mit Minze an, denn die würzigen Blätter sorgen für Frische auf der Zunge. Hierfür ist das enthaltene Menthol verantwortlich. Ergänzt um etwas Ingwer erhält die Limonade angenehme Schärfe.

Apfelschorle mit Minze

Mangopunsch

Zutaten für 4 Portionen: 75 g Zucker, 10 Stangen Zitronengras, 1 unbehandelte Limette, 300 g Mango, 1 Orange.

Zubereitung (ca. 10 min.): Zucker und Zitronengras für ca. 10 min. in 1 l Wasser köcheln lassen. Flüssigkeit über einem Sieb abgießen. Limette schälen und auspressen. Bei der Mango links und rechts vom harten Kern zwei gleich große Teile abschneiden und mit einem Löffel das Fruchtfleisch aus den beiden Hälften lösen. Furchtfleisch in Würfel schneiden. Mangowürfel mit Limettensaft und -schale sowie der Zucker-Zitronengrasflüssigkeit erhitzen. Orange schälen, in Scheiben schneiden und in Punschgläser füllen. Mit Punsch übergießen.

7. Menüplanung

Für die eigene Kleinfamilie ein Menü zusammenzustellen und zu kochen gelingt in der Regel ohne Weiteres. Freunde und Verwandte zu bekochen ist hingegen eine weitaus größere Herausforderung, besonders dann, wenn es sich hierbei um ein Silvesterdinner, das Weihnachtsessen oder eine Geburtstagsparty handelt. Der Zeitplan muss genauso stimmen wie die Zutatenmenge und die richtige Reihenfolge. Ein Plan für die Resteverwertung sollte ebenfalls stehen.

Tipp

Veganes Kochen
Zahlreiche tierfreie Produkte, auch Wein, erhalten Sie inzwischen nicht mehr nur in Reformhäusern oder in Onlineshops. Auch in Drogerien und Supermärkten sind viele vegane Produkte zu erwerben.

Strukturierte Vorgehensweise

Planung ist alles. Wenn Sie für mehrere Personen ein Essen oder eine Party ausrichten möchten, gilt es vorab zahlreiche Fragen zu klären: Wie viele Personen werden erwartet? Müssen spezielle Essgewohnheiten, z. B. Vegetarismus, Veganismus, oder Unverträglichkeiten beachtetet werden? Trinkt einer der Gäste keinen Alkohol?
Wählen Sie am besten Gerichte aus, die Sie schon einmal gekocht haben oder die keinen großen Aufwand erfordern. Achten Sie auf eine ausgewogene Zusammenstellung, die sämtliche Geschmacksnerven anspricht, und dass sich einzelne Zutaten nicht wiederholen. Zudem empfiehlt es sich, Speisen auszusuchen,

Partyhäppchen

die bereits am Vortag gekocht werden können und teilweise nur noch aufgewärmt werden müssen. Dies kann eine gewürzte Gemüsesuppe, ein Braten oder ein Dessert, das mit frischen Früchten serviert wird, sein. Vermeiden Sie Gerichte, für die am Tag des Festes erst noch das Geflügel zerteilt oder der Fisch filetiert werden muss.

Erstellen Sie rechtzeitig eine Liste mit Lebensmitteln, die Sie besorgen müssen. Zutaten, die nicht verderblich sind, wie beispielsweise Nudeln und Reis, können Sie bereits einige Tage vorher einkaufen. Pro Person müssen Sie mit 150–200 g Blattsalat rechnen, wenn er als eigener Gang, z. B. als Vorspeise, gereicht werden soll. Die gleiche Mengenangabe gilt für Fischfilet. Soll ganzer Fisch serviert werden, sollten Sie 300 g pro Person einrechnen. 250 g Braten sollte für jeden bereitstehen, bei Fleischstücken ohne Knochen sollten es 125 g bis 180 g sein. Als Beilage gedachtes Gemüse kommt auf ein Gewicht von 175–225 g pro Gast. Sollen es stattdessen Nudeln oder Reis sein, kalkulieren Sie mit 60–80 g, bei Kartoffeln in ungeschältem Zustand sollten Sie auf 175–200 g setzen. Mit 200 ml Suppe pro Gast, die als Vorspeise auf den Tisch kommt, sind Sie gut beraten.

Hühner-Gemüsesuppe

Einkaufsliste

Mit Feta gefüllte Hackbällchen

Zutaten für 4 Portionen: 1 Zwiebel, 3 Stiele Petersilie, 600 g Hackfleisch, 50 g Paniermehl, 1 Ei, 2 EL Ketchup, 2 EL Senf, Salz, frisch gemahlener Pfeffer, 250 g Feta.

Zubereitung (ca. 40 min.): Backofen auf 200 °C vorheizen. Zwiebel waschen, schälen und klein hacken. Petersilie waschen, trocken tupfen und klein hacken. Petersilie mit Zwiebel, Hackfleisch und Paniermehl verkneten. Ei, Ketchup, 3 EL Wasser sowie Senf unterrühren. Mit Salz und frisch gemahlenem Pfeffer würzen. Feta in Würfel schneiden. Aus der Hackfleischmasse Bällchen formen und Fetawürfel in die Mitte geben. Hackbällchen ca. 20–30 min. backen.

Getränkeeinkauf

Viele Händler bieten den Service an, dass Sie Getränke auf Kommission kaufen können. Nicht angebrochene Flaschen können anstandslos zurückgegeben werden. Bedenken Sie beim Planen, dass im Sommer weniger gegessen, dafür aber meist mehr getrunken wird. Falls Sie viele Weintrinker erwarten, bietet es sich an, einen sogenannten Bag in Box bei einem Weindepot zu bestellen. Sie erhalten Kunststoffweinschläuche im Karton, die sich mit einem Holzfässchen verbinden lassen. Von außen sieht es aus, als würden Sie den Wein frisch aus dem Fass zapfen. Die großen Weinschläuche haben den Vorteil, dass sich der Wein auch noch Wochen nach dem Öffnen hält. Sie haben nicht das Problem, dass Sie nach der Party überlegen müssen, was Sie mit den angebrochenen Flaschen machen. Der in den Schläuchen angebotene Wein wird für die längere Haltbarkeit stark geschwefelt. Dies ist jedoch nicht jedem bekömmlich.

Tipp

Bag in Box
Viele der im Karton aufbewahrten Weine lassen sich problemlos im Kühlschrank kalt stellen. Einmal gekühlt, behält der Wein die niedrigen Temperaturen für längere Zeit und lässt sich auch mitnehmen.

Pizzasuppe

Zutaten für 4 Portionen: 250 g Hackfleisch, Salz, frisch gemahlener Pfeffer, 150 g Champignons, 1 Dose Tomaten, 150 g Kräuterschmelzkäse, 200 g Sahne, Oregano.

Zubereitung (ca. 20 min.): Hackfleisch mit Salz sowie frisch gemahlenem Pfeffer würzen und anbraten. Champignons putzen und klein schneiden. Tomaten inklusive Soße pürieren, mit Champignons, Kräuterschmelzkäse und Sahne zum Hackfleisch geben und erwärmen. Pizzasuppe mit Salz, frisch gemahlenem Pfeffer und Oregano abschmecken.

Die Vorbereitung

Stellen Sie einen groben Zeitplan auf, wann Sie was erledigen müssen. An der Liste können Sie sich im Laufe des Tages orientieren und vergessen keinen Punkt. Am Vortag können Sie mit der Zubereitung von Brühen, festen Suppen und Soßen beginnen. Bewahren Sie sie für den nächsten Tag einfach an einem kühlen Ort auf. Auch das Dessert, sofern es sich nicht um Mousse au Chocolat oder ähnliche Speisen handelt, die frisch zubereitet werden müssen, können Sie ansetzen. Es schmeckt auch noch am nächsten Tag. Wenn Sie Gemüse als Beilagen reichen möchten, können Sie es vorbereiten, indem Sie es klein schneiden, für einen kurzen Augenblick blanchieren und direkt kalt abschrecken. Auch Marinaden lassen sich wunderbar am Vortag vorbereiten.

Vorgekochtes in Vorratsdosen aufbewahren

Am Tag der Party oder des Dinners starten Sie zunächst mit dem Eindecken und Dekorieren des Esstischs. So können Sie sich später vollständig auf das Kochen konzentrieren.

Bedenken Sie bei einem 4-Gänge-Menü jeden Platz mit einem Wasser-, einem Rot- sowie einem Weißweinglas. Sie werden oben rechts neben dem Teller angeordnet. Rechts vom Teller liegt das Fleischmesser, gefolgt vom Fischmesser und dem Suppenlöffel. Links vom Teller liegt außen die Fischgabel, daneben die Fleischgabel. Teelöffel sowie Kuchengabel für das Dessert werden oberhalb des Tellers platziert. Falls Sie separat Brot reichen möchten, denken Sie an einen zusätzlichen kleinen Teller sowie ein Buttermesser. Dieser Teller steht links

Die richtige Anordnung

Das Grundbesteck

Festlich gedeckter Tisch

vom Besteck. Wenn Sie nur ein 3-Gänge-Menü reichen, entfernen Sie das Fischbesteck sowie den Brotteller und decken Sie nur ein statt zwei Weingläser auf. Eine Papierserviette kann direkt auf dem Teller gelegt werden. Verwenden Sie eine Stoffserviette, formen Sie sie zu einer klassischen Lilie, die Sie vor dem Gedeck aufstellen können. Sollten Schalen- oder Krustentiere auf den Tisch kommen, vergessen Sie nicht zum Reinigen der Hände ein mit Zitronenwasser gefülltes Schälchen aufzudecken.
Beginnen Sie nach dem Eindecken die Soßen und Dips zu verrühren, damit Sie bis zum Servieren ihr vollständiges Aroma entfalten können. Einige Stunden, bevor Ihre Gäste eintreffen, sollten Sie auch sämtliche Gerichte, die längere Zeit schmoren müssen, z. B. Braten, in

den Backofen schieben, damit Sie sie ohne Zeitverzögerung servieren können. Auch Salatzutaten sowie Suppenbeilagen können Sie jetzt putzen, waschen und zurechtschneiden. Rund eine Stunde vor dem Essen sollten Sie mit den letzten Vorbereitungen beginnen: Kartoffeln schälen, Fleisch- und Fischgerichte, die nur eine kurze Garzeit haben, in den Backofen stellen, vorbereitete Speisen auf Tellern anrichten. Jetzt erhalten zudem Soßen den letzten Schliff. Für das Dessert frische Sahne schlagen oder Obst schneiden.

Tipp

Dekorieren
Falls Sie das Menü unter ein Motto gestellt haben, bauen Sie es in die Deko ein. Achten Sie auf ein ausgewogenes Maß, damit sich Ihre Gäste am Tisch weitestgehend ungestört unterhalten können.

Dreierlei Frischkäse-Trüffel

Zutaten für 12 Stück: 250 g Frischkäse, Salz, frisch gemahlener Pfeffer, 1 TL Zitronenschale, gemischte Kräuter, 1/2 Paprikaschote, gehackte Mandeln, Olivenöl.

Zubereitung (ca. 15 min.): Frischkäse mit Salz und frisch gemahlenem Pfeffer würzen und mit Zitronenschale verkneten. Kräuter waschen, trocken tupfen und klein schneiden. Paprikaschote putzen, waschen, entkernen und klein schneiden. Mandeln ohne Fettzugabe rösten. Hände mit Öl benetzen und aus dem Frischkäse kleine Kugeln formen. Kugeln in den Mandeln, Kräutern oder Paprikawürfeln rollen.

Aperitif mit Minze und Limette

Der richtige Einstieg ins Menü

Starten Sie den Abend mit einem Aperitif, den Sie zur Begrüßung reichen. Hierzu eignen sich Champagner, Sekt oder ein Cocktail. Auch ein Glas Bier können Sie als Aperitif anbieten. Für Gäste, die keinen Alkohol trinken, halten Sie ein Glas Tonic oder ein ähnliches Bittergetränk bereit. Alternativ können Sie auch erfrischende Fruchtsäfte verteilen. Getränke werden immer von rechts nachgeschenkt. Bei alkoholischen Getränken sollten Sie jedoch erst beim Gast nachfragen. Von der rechten Seite wird auch Kaffee serviert sowie Teller und Suppentassen eingedeckt und abgeräumt. Soll sich der Gast von einer mit verschiedenen Speisen belegten Platte selbst bedienen, so wird sie von der linken Seite her angereicht. Brot und Butter werden ebenfalls von links serviert. Bei einem 4-Gänge-Menü wird zu Beginn die kalte Vorspeise aufgetragen, gefolgt von einer Suppe. Hieran schließt sich der Hauptgang an. Mit dem Dessert wird das Menü abgeschlossen.

Appetizer

Kleine Häppchen, große Wirkung

Bei einer weniger formellen Garten- oder Geburtstagsparty, zu der Sie zahlreiche Gäste geladen haben, setzen Sie lieber auf Großportionen oder Fingerfood statt auf ein Menü. Dann müssen Sie sich am Tag der Party nicht stundenlang in der Küche aufhalten. Dies ist umso erfreulicher, wenn an dem Datum sommerliche Temperaturen herrschen.

Lachsbaguette

Zutaten für 4 Portionen: 2 Baguettes, 160 g Frischkäse, Zitronensaft, Salz, frisch gemahlener Pfeffer, 8 Salatblätter, 12 Scheiben Lachs, 1 rote Zwiebel, 4 EL Kresse.

Zubereitung (ca. 20 min.): Baguettes aufschneiden. Frischkäse mit Zitronensaft verrühren sowie mit Salz und frisch gemahlenem Pfeffer abschmecken. Baguette damit bestreichen. Salatblätter waschen, trocken tupfen und auf die Baguettehälften legen. Mit Lachsscheiben belegen. Zwiebel waschen, schälen, in Ringe schneiden und auf den Lachs legen. Kresse waschen, trocken tupfen und Baguette damit garnieren.

Viele Snacks lassen sich bereits am Vortag zubereiten und können kalt verzehrt werden. Sie laufen nicht Gefahr, dass Ihre Gerichte beim Eintreffen der Gäste noch nicht fertig sind oder dass einige der Speisen bereits abkühlen, während die Beilage noch gekocht werden muss.

Selbst auf Suppen müssen Sie an dem Tag nicht verzichten, denn die in Italien typische Minestrone oder die spanische Gazpacho werden kalt gelöffelt.

Fingerfood kann problemlos im Stehen verzehrt werden. Oft reicht als Tellerersatz eine Serviette. Auf diese Weise sparen Sie sich den Abwasch. Um die Häppchen zusammenzuhalten, verwenden Sie einfach Holzspießchen. Sie können auch als Ersatz für Messer und Gabel dienen. Die Auswahl an Fingerfood ist groß. Zu den Klassikern zählen neben Bruschetta Gemüseröllchen, Datteln im Speckmantel sowie Käsecracker. Kleine Sandwichtürmchen machen ebenso einen guten

Fingerfood

Eindruck wie Würstchen im Schlafrock oder würzig belegte Baguettes. Zu Letzterem passen hervorragend verschiedene Dips. Auch mit Lachs, Krabbensalat oder Cremes belegtes Pumpernickelbrot bietet sich als Fingerfood an, ebenso herzhaft gefüllte und klein geschnittene Wraps.

Einen Großteil der kalten Snacks können Sie schon vorab vorbereiten und mit Folie abgedeckt bis zum Servieren in den Kühlschrank stellen. Damit Brot nicht durchweicht, sollte es mit den entsprechenden Cremes und Dips erst kurz vor Beginn der Party bestrichen werden. Für optische Highlights sorgen spezielle Fingerfood-Löffel oder mit Griffen ausgestattete Schälchen, in denen die Köstlichkeiten direkt angerichtet werden. Erwarten Sie nur wenige Gäste, überraschen Sie sie mit Verrines. Der Trend, Speisen im Glas anzubieten, stammt aus Frankreich.

Tipp

Minestrone
Möchten Sie die Suppe bereits am Vortag vorbereiten, garen Sie das Gemüse nur halb. Eine perfekte Konsistenz erhält es durch das Aufwärmen am nächsten Tag. In diesem Schritt auch erst die Nudeln hinzufügen.

Mit Walnüssen gespickte Datteln

Zutaten für 4 Portionen: 24 Datteln, 12 Walnusshälften, 12 Scheiben Bacon, Öl.

Zubereitung (ca. 10 min.): Datteln abwaschen, trocken tupfen und Kerne entfernen. Walnusshälften mit einem scharfen Messer halbieren und in die Datteln legen. Bacon um die Datteln wickeln und mit einem Zahnstocher befestigen. Öl erhitzen und Datteln darin von allen Seiten kross braten.

Raffinierte Resteküche

Oft bleiben von der Party noch Reste übrig, die sich nicht einfrieren lassen. Sie zu entsorgen wäre zu schade. Das ist auch nicht notwendig, denn durch einige weitere Zutaten lässt sich aus den Resten im Handumdrehen ein neues Gericht zaubern.

Aus Champignons und Reis können Sie in wenigen Schritten ein schmackhaftes Risotto her-

Tramezzini mit Hähnchenbrust

Zutaten für 3 Portionen: 1 walnussgroßes Stück Ingwer, 1/2 Bund Koriander, 125 g Schmand, 2 TL Curry, Salz, 20 g Cashewnüsse, 6 Scheiben Sandwichtoast, 50 g Friséesalat, 6 Scheiben geräucherte Hähnchenbrust.

Zubereitung (ca. 10 min.): Ingwer schälen und reiben. Koriander waschen, trocken tupfen und klein hacken. Schmand mit Curry und Salz verrühren. Cashewnüsse hacken und ohne Fettzugabe rösten. Sandwichtoast entrinden, flach drücken und mit Curryschmand bestreichen. Friséesalat waschen, trocken tupfen und in Stücke rupfen. Sandwichtoast mit Friséesalat, Cashewnüssen sowie Hähnchenbrust belegen. Zweite Sandwichtoastscheibe oben auflegen. Tramezzini diagonal durchschneiden.

stellen, Brötchen zerreiben Sie einfach zu Bröseln und verwenden Sie in Zukunft als Schnitzel- oder Fischpanade. Gekochte Kartoffeln pürieren, mit Milch verrühren und fertig ist ein leckeres Kartoffelpüree. Pellkartoffeln dienen als Grundlage für einen Kartoffel-Spinat-Auflauf. Auch anderes Gemüse wie gegarter Brokkoli oder Blumenkohl eignen sich hervorragend für Aufläufe. Aus vorbereitetem, aber nicht gekochtem Gemüse entstehen ein leichter Salat, ein einfacher Brotaufschnitt oder ein Pizzabelag. Gekochtes Gemüse wie Paprikaschoten, Zwiebeln und Auberginen verwan-

Semmelbrösel

Brokkoliauflauf

Tipp

Einfrieren
Fast alle Lebensmittel sind zum Einfrieren geeignet. Rohe Kartoffeln werden durch das Zerplatzen der Zellstruktur jedoch ungenießbar, Joghurt hat die Angewohnheit auszuflocken, Pudding wird flüssig.

deln Sie am besten in Ratatouille oder einen Eintopf. Gegarte Auberginen können Sie auch in Scheiben geschnitten, mit Olivenöl beträufelt, mit Tomatensoße bestrichen und mit Käse bestreut im Backofen gratinieren. Kürbisreste, besonders verkochte Exemplare, können Sie zu einer Kürbissuppe verarbeiten.
Einige Gerichte lassen sich am nächsten Tag ohne Weiteres aufwärmen. Dies sollte nicht allzu häufig erfolgen, denn durch das erneute Erhitzen gehen wichtige Nährstoffe verloren. Auch Spinat lässt sich entgegen der veralteten Annahme wieder aufwärmen. Er darf nur nicht über einen längeren Zeitraum warmen Temperaturen ausgesetzt sein. Daher muss er nach dem Kochen rasch in den Kühlschrank gestellt werden. Durch das schnelle Abkühlen wird verhindert, dass sich das enthaltene Nitrat zu giftigem Nitrosaminen umwandeln kann.

Gefrorenes Gemüse

Pilzpfanne

Säuglingen und Kleinkindern sollte aufgewärmter Spinat jedoch nicht vorgesetzt werden. Die Mindestaufwärmtemperatur liegt bei 70 °C, denn nur bei dieser Temperatur werden mögliche Keime abgetötet. Das Aufwärmen sollte nur bei mittlerer Hitze erfolgen, so kann verhindert werden, dass das Gericht anbrennt. Damit Reis, Nudelgerichte oder sonstige trockene Gerichte nicht anbrennen, geben Sie etwas Wasser oder Gemüsebrühe mit in den Topf und rühren Sie die Masse gelegentlich um. Gemüse oder Kartoffeln können Sie am besten direkt in einer Soße oder Suppe aufwärmen. Die Oberfläche von Fleisch und Fisch bleibt beim Aufwärmen im Backofen weich, wenn Sie sie mit ein wenig Öl einpinseln.

Tipp

Pilze aufwärmen
Wie auch Spinat müssen nicht verzehrte Pilze rasch abgekühlt werden, wenn sie wieder aufgewärmt werden sollen. Sonst können sich schnell schädliche Mikroorganismen vermehren.

Menü

Vorspeise: Feldsalat mit Granatapfelkernen

Zutaten für 4 Portionen: 1 Granatapfel, 1 Packung Feldsalat, 8 Scheiben Bacon, 1 Handvoll Walnüsse, Zucker, 1 EL Honig, 1 EL Senf, 3 EL Öl, 1 EL Himbeeressig, Salz, frisch gemahlener Pfeffer.

Zubereitung (ca. 30 min.): Granatapfelkerne herauslösen. Hierfür eine Spalte aus der Frucht herausschneiden. Mit leichtem Druck den Granatapfel auseinanderbrechen und die Kerne herausdrücken. Feldsalat waschen und trocken tupfen. Bacon kross braten. Im Bratfett Walnüsse und Zucker karamellisieren. Honig, Senf, Öl und Himbeeressig vermischen und mit Salz sowie frisch gemahlenem Pfeffer abschmecken. Granatapfelkerne über den Feldsalat geben, mit Dressing beträufeln sowie mit Bacon und Walnüssen garnieren.

Hauptgericht: Roastbeef mit Pfefferkruste

Zutaten für 6–8 Portionen: 1,5 kg Roastbeef, Salz, frisch gemahlener Pfeffer, 2 EL Butterschmalz, 2 EL Pfefferkörner, 2 EL Senfsamen, 4 Stiele Thymian.

Zubereitung (ca. 5 Stunden): Backofen auf 80 °C vorheizen. Roastbeef waschen und trocken tupfen. Fettschicht bis auf einen kleinen Rest abschneiden. Roastbeef mit Salz und frisch gemahlenem Pfeffer würzen. Butterschmalz in einem Bräter zerlassen und Roastbeef darin ca. 6–7 min. von allen Seiten anbraten. Roastbeef mit der Fettschicht nach oben ca. 4 1/2 Stunden braten. Pfefferkörner und Senfsamen zerstoßen. Thymian waschen, trocken tupfen und Blätter abzupfen. Pfefferkörner, Senfsamen und Thymian vermischen und nach ca. 1 Stunde Bratzeit auf dem Roastbeef verteilen.

Dessert: Zimt-Panacotta

Zutaten für 4 Portionen: 4 Gelatineblätter, 500 g Sahne, 50 g Zucker, 1 Vanilleschote, 1 TL Zimt, 1/2 TL Lebkuchengewürz.

Zubereitung (ca. 40 min.): Gelatineblätter nach Packungsanweisung in kaltem Wasser einweichen. Sahne und Zucker mischen und erhitzen. Gelegentlich umrühren. Vanilleschote längs einschneiden, Vanillemark auskratzen und beides zur Sahne geben. Zimt und Lebkuchengewürz zufügen. Sahne aufkochen und ca. 10 min. köcheln lassen. Ausgedrückte Gelatine in der Sahne auflösen. Vanilleschote entfernen und Panacotta in kalt ausgespülte Förmchen füllen und fest werden lassen.

Abdampfen

Nach dem Abgießen des Kochwassers verweilt das Gargut, z. B. Kartoffeln, weiterhin im heißen Kochtopf. Die Restflüssigkeit verdampft, das Gargut trocknet.

Abflämmen, Dessert

Süßspeisen wie Crème brulée werden für das Abflämmen mit Zucker bestreut, der mithilfe eines Gasbrenners karamellisiert wird.

Abflämmen, Geflügel

Die nach dem Abrupfen am Geflügel verbliebenen Daunen, Federn und Federkiele werden abgebrannt.

Abflämmen, Kuchen

Gebäck wird im Backofen durch die Zugabe von Eischnee kurz vor Ende der Backzeit mit einem bräunlichen Farbton versehen.

Abschmelzen

Gegarte Beilagen werden für einen schöneren Glanz und einen besseren Geschmack in flüssigem Fett geschwenkt oder mit leicht gebräunter Butter übergossen.

Abschuppen

Mit einem Messer oder einem speziellen Fischschupper werden die Schuppen von Fischen entfernt.

Anbraten, scharf

Fleischstücke werden in einer sehr heißen Pfanne oder in einem Topf von allen Seiten so lange in hoch erhitzbarem Öl angebraten, bis sie sich braun verfärben. Die Stücke sollten am besten einzeln scharf angebraten werden.

Anschwitzen

Mehl wird unter ständigem Rühren in heißem Fett angeröstet. Die Masse wird, wenn sie als Grundlage für cremige Suppen oder Soßen dienen soll, mit kalter Flüssigkeit abgelöscht und glatt gerührt. Beim Glasigdünsten von Zwiebeln und Schalotten, die dadurch etwas Flüssigkeit verlieren, wird ebenfalls von Anschwitzen gesprochen.

Aprikotieren
Gebäck, Kuchen und Torten erhalten durch das Überziehen mit warmer Konfitüre, häufig aus Aprikosen, einen schönen Glanz und halten Dekorationen an ihrem Platz.

Arrosieren
Durch das Übergießen mit Soße oder Jus während des Bratens im Backofen werden Fisch, Geflügel, Fleisch oder Wild vor dem Austrocknen bewahrt.

Auslassen, Speck
Grüner fetter Speck gibt sein Fett ab, indem er in eine heiße Pfanne gegeben und unter gelegentlichem Rühren so lange gebraten wird, bis er knusprig ist.

Ausrauchen
Spirituosen verlieren durch Verdunstung an Alkoholgehalt (aber auch an Aroma), wenn sie unverschlossen aufbewahrt werden.

Bardieren
Alternative zum Spicken. Das Fleisch wird mit Speckstreifen oder -scheiben, die mit Küchengarn fixiert werden, umwickelt und auf diese Weise aromatisiert.

Beize
Der Sud, der u. a. bei Sauerbraten zum Einsatz kommt, besteht aus ei-

ner säurehaltigen Flüssigkeit, z. B. Essig, Wein oder Zitronensaft, sowie Kräutern, Gewürzen, Zucker und Salz. Durch die Beize wird das im Fleisch oder im Fisch enthaltene Eiweiß gespalten, das Fleisch wird zarter und haltbarer.

Blanchieren

Geputztes Gemüse wird in Salzwasser kurz gar gezogen, in ein Sieb umgefüllt und in eine mit Eiswasser gefüllte Schüssel gegeben. Durch das Abschrecken wird der Garprozess unterbrochen, das Gemüse behält seine Farbe.

Blaukochen

Fisch, dessen Haut mit einer Schleimschicht überzogen ist, wird in einem sauren Sud aus Essig, Salz, Zitrone und Weißwein über einen kurzen Zeitraum gar gezogen. Der Fisch färbt sich nach einiger Zeit typischerweise blau.

Blind backen

Sollen Obstböden oder andere aus Mürbeteig hergestellte Kuchen erst nach dem Backen mit frischem Obst belegt werden und nicht aufgehen, wird der Teigboden blind gebacken. Der Boden wird mehrfach mit einer Gabel eingestochen, mit Backpapier ausgekleidet, mit getrockneten Hülsenfrüchten belegt und ca. 10–15 min. gebacken.

Blondieren

Knoblauch- oder Zwiebelstückchen werden in heißem Fett angebräunt. Sie nehmen einen hellbraunen Farbton an.

Bouquet garni

Aus Thymian, Lorbeerblatt und Petersilie wird ein Kräutersträußchen zusammengebunden, das zum Würzen von Suppen und Soßen verwendet wird. Es wird gegebenenfalls noch durch Estragon, Sellerieblätter, Möhren, Fenchelgrün, Oregano sowie Knoblauch ergänzt. Vor dem Servieren wird das Bouquet garni wieder entfernt.

Brandteig

Luftiges Gebäck wie Eclairs und Windbeutel werden aus Brandteig hergestellt. Milch, Wasser und Butter werden aufgekocht, mit Mehl ergänzt und so lange in einem Topf auf der heißen Herdplatte gerührt, bis sich der Teig als Kloß vom Boden löst. Auf dem Boden entsteht nach kurzer Zeit eine weiße Schicht. Dieser Vorgang wird als Abbrennen bezeichnet. Abschließend werden mehrere Eier untergemischt und der Brandteig auf ein Backblech gespritzt. Brandteig klebt beim Backen nicht an, wenn das Backblech vorab mit kaltem Wasser eingepinselt wird. Die Backofentür darf während des Backens nicht geöffnet werden, da der Teig sonst zusammenfällt.

Bratfertig

Das Geflügel wird mit Innereien geliefert.

Bridieren

Mithilfe von Küchengarn werden die Flügel und Keulen von Geflügel an den Rumpf gebunden. Als Folge wölbt sich die Brust und das Geflügel bräunt oder gart gleichmäßig.

Brunoise

Schneidtechnik, die insbesondere bei Wurzelgemüse zum Einsatz kommt. Es wird in feine Würfel geschnitten, deren Kantenlänge in der Regel 1–2 mm beträgt. Wegen seines Aussehens wird das Gemüse auch als Konfettigemüse bezeichnet.

Bulbe

Bezeichnung für den unteren Teil der Gewürzpflanze Zitronengras. Er ist weiß gefärbt, im Innern ist ein violetter Schimmer zwischen den Blattschichten zu verzeichnen.

Bürgermeisterstück

Das Fleischstück, auch als Pastorenstück bekannt, liegt beim Rind oberhalb der Kugel der Keule. Es ähnelt optisch einer Haifischflosse.

Chiffonade

Schneidtechnik für Obst und Gemüse. Salatblätter, Sauerampfer, Kräuter oder Spinat werden mit einem Messer in hauchdünne Streifen geschnitten. Die Blätter werden übereinandergelegt, locker aufgerollt und von oben nach unten in kleine Streifen geschnitten.

Consommé

Klare Fleisch-, Fisch-, Wild- oder Gemüsebrühe, die über ein kräftiges Aroma verfügt.

Corail

Bezeichnung für noch nicht abgelaichte Eier von Krustentieren sowie den Rogensack von Jakobsmuscheln.

Dämpfen

Durch die schonende Garmethode bleiben die meisten Vitamine und Nährstoffe besser erhalten. Das Gargut wird in einen Dampfeinsatz gelegt, der in einen mit Wasser befüllten Topf gegeben wird. Der Inhalt wird im verschlossenen Topf kurz aufgekocht und nach dem Austreten von Dampf bei mittlerer Hitze gar gezogen.

Dekantieren

Wein wird aus der Flasche in eine Karaffe, die als Dekanter bezeichnet wird, umgefüllt.

Demoulieren

Lebensmittel werden aus einer Form gestürzt.

Desossieren

Sämtliche Knochen werden aus Fleisch und Geflügel herausgelöst. Die Haut bleibt dabei unverletzt.

Dicker Bug

Das Fleischstück stammt aus der Rinderschulter.

Dickmilch

Die auch als Sauermilch bekannte Milchsorte wird aus pasteurisierter Kuhmilch gewonnen. Unbehandelte Milch wird für längere Zeit bei wärmeren Temperaturen stehen gelassen. Durch diesen Vorgang dickt sie ein und wird sauer.

Dressieren

Die Bindemethode kommt häufig bei ganzem Geflügel zum Einsatz. Durch das Zusammenschnüren wird erreicht, dass das Geflügel gleichmäßig gart. Mithilfe von Küchengarn werden die Hinterläufe zusammengebunden sowie die Flügel eng an den Körper angelegt. Alternativ kann eine Dressiernadel zu Hilfe genommen werden. Sie wird mit einem Faden versehen, durch ein Keulenende gestochen und zum gegenüberliegenden Flügel gezogen. Von dort wird sie durch die Brust zum zweiten Flügel sowie zum Keulenende geführt. Auch andere Lebensmittel werden auf diese Weise in Form gebracht.

Dünsten

Wasserreiche Lebensmittel wie Fisch, Fleisch, Obst und Gemüse werden zugedeckt in wenig Flüssigkeit, z. B. Wasser oder Wein, schonend gegart. Die Nährstoffe bleiben weitestgehend erhalten.

Egalisieren

Lebensmittel, vor allem Gemüse und Kräuter, werden in die gleiche Form geschnitten.

Emulgieren

Mithilfe eines Schneebesens oder eines Handrührers werden fettreiche und wässrige Flüssigkeiten zu einer stabilen Masse vermischt.

En crapaudine

Geflügel wird so vorbereitet, dass es eine flache Form annimmt, damit es gleichmäßig gegart werden kann. Entlang der Wirbelsäule oder des Brustbeins wird das Geflügel durchtrennt, an der Schnittstelle auseinandergeklappt und mit einem Fleischklopfer flach geklopft.

En papillote

In Pergamentpapier oder Gemüseblätter eingewickelt werden Lebensmittel zusammen mit Flüssigkeit und Gemüse im Backofen gegart.

Entbarten

Austern werden vom Mantel inklusive Kiemen befreit. Bei Miesmuscheln werden die Byssus-Fäden von der Schalenaußenseite entfernt.

Entrecôte

Das Fleischstück, das rund 400 g wiegt, wird aus dem flachen Roastbeef eines Rindes herausgeschnitten. Stücke, die bis zu 800 g wiegen, werden als Entrecôte double bezeichnet.

Escalopieren
Fisch oder Fleisch wird in sehr dünne Scheiben geschnitten.

Etamine
Ein feines Leinentuch, durch das Früchtebrei, Suppen sowie Soßen passiert werden können.

Ethylengas
Das Gas ist u. a. in Äpfeln, Tomaten, Aprikosen, Nektarinen, Pfirsichen, Pflaumen und Avocados enthalten und lässt andere Obst- und Gemüsesorten schneller reifen.

Falsches Filet
Das Fleischstück stammt aus der Rinderschulter.

Faschieren
Fleisch oder Geflügel wird durch den Fleischwolf gedreht und so zerkleinert.

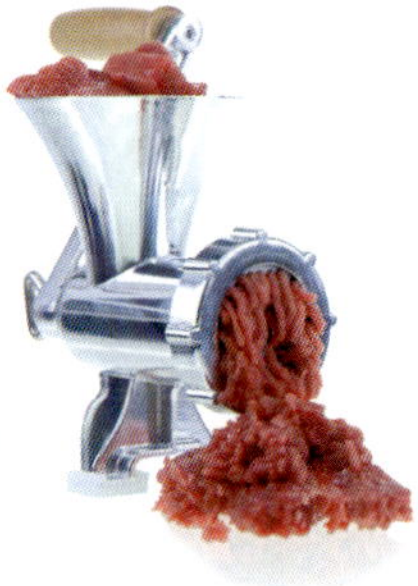

Filetieren, Fisch
Durch das Herauslösen des Fleisches von den Gräten und der Haut mithilfe eines Fischfiletiermessers werden Filets gewonnen.

Filetieren, Obst
Die Schale des Obstes wird inklusive der weißen Haut mit einem scharfen Messer abgetrennt. Die einzelnen Segmente werden herausgelöst, indem an den Trennhäuten ein keilförmiger Einschnitt erfolgt.

Flambieren
Gegarte Gerichte werden mit warmem Alkohol, dessen Alkoholgehalt bei mindestens 40 Volumenprozent liegt, übergossen und angezündet, um ein spezielles Aroma zu erhalten.

Foncieren
Formen und Gefäße werden mit Teig, Gemüse oder anderen Lebensmitteln ausgelegt.

Fondant
Zuckermasse, die zum Verzieren von Kuchen, Torten und Gebäck verwendet wird.

Frappieren
Lebensmittel oder Gläser werden mithilfe von Eis rasch abgekühlt.

Ganache
Zerkleinerte Schokolade wird in aufgekochter Sahne geschmolzen, danach wird beides miteinander verrührt. Die Masse wird für mehrere Stunden kühl gestellt und mit einem Handrührer aufgeschlagen, falls sie zum Füllen von Torten und Gebäck genutzt werden soll. Sollen diese nur mit Ganache bestrichen werden, reicht es, die Masse durch Erwärmen wieder streichfähig zu machen.

Gelierprobe
Mithilfe der Gelierprobe lässt sich überprüfen, ob Fruchtmasse lange genug gekocht wurde. Bildet die Masse auf einem kalten Teller beim Pusten kleine Wellen, hat sie die gewünschte Konsistenz erreicht.

Glacieren
Helles Fleisch, Kuchen oder Gemüse werden mit eingekochtem Bratensaft, Gelatine oder Zuckerguss überzogen, damit sie einen schönen Glanz erhalten. Durch das Glacieren wird das Gargut zusätzlich vor dem Austrocknen bewahrt.

Glacieren, Fisch
Durch die Verarbeitungsmethode wird fangfrischer Fisch für die Lagerung in der Tiefkühltruhe vorbereitet. Der ausgenommene Fisch wird gesäubert und mit Alufolie bedeckt für einige Zeit ins Gefrierfach gegeben. Anschließend wird er mehr-

fach in ein Eiswürfelbad getaucht, bis er von einer hauchdünnen Eisschicht umgeben ist.

Glasieren
Fleisch, Früchte und Gemüse werden mit einer Mischung aus Butter und Zucker bestrichen, damit sie saftiger werden und ein glänzendes sowie knuspriges Äußeres erhalten. Der Zucker wird in einer Pfanne in der zerlassenen Butter aufgelöst. Die Glasur wird auf die Lebensmittel gestrichen oder die Speisen werden in der Mischung gewendet.

Grillfertig
Geflügel wird ohne Hals und Innereien geliefert.

Haschieren
Rohe oder gegarte Lebensmittel werden maschinell oder mit einem Messer fein gehackt.

Hydrogencarbonat
Das Salz der Kohlensäure findet sich in vielen Mineralwassersorten.

Julienne
Schneidtechnik für Obst und Gemüse. Das geputzte und gewaschene Exemplar wird längs in dünne Scheiben geschnitten, übereinandergelegt und in gleichlange Streifen aufgeteilt.

Karkassen
Bezeichnung für das nach dem Tranchieren zurückbleibende Knochengerüst (inklusive eventueller Haut- und Fleischreste) von Fischen und Geflügel. Die ausgenommenen Panzer von Krustentieren werden ebenfalls als Karkassen bezeichnet.

Klären
Butter wird geklärt, indem sie bei schwacher Hitze geschmolzen und der entstandene weiße Schaum mit einem Schöpflöffel abgenommen wird. Um die Butter vom braunen Bodensatz zu trennen, wird sie durch ein Sieb gegossen.

Legieren

Durch das Hinzufügen von Eigelb, das mit Sahne verquirlt wurde, werden Suppen, Süßspeisen, Soßen und Pürees sämiger und lassen sich leichter binden. Die Mischung wird in die Hälfte der fertig gegarten Speise gegeben und anschließend in das restliche Gericht gerührt. Es darf nur erwärmt, aber nicht gekocht werden, da es sonst gerinnt.

Mazerieren

Gebäck wird durch das Tränken mit Fruchtsaft, Alkohol oder anderen aromatischen Getränken saftiger gemacht. Obst wird hierdurch länger haltbar, z. B. in Form eines Rumtopfs.

Nappieren

Speisen werden mit Soße, Fond oder ähnlichen Flüssigkeiten überzogen, die jedoch nur knapp das Gericht bedecken.

Oberschale

Das Fleischstück stammt aus der Innenseite der Keule eines Rindes.

Öl, kalt gepresstes

Das Öl wird durch ein schonendes Pressverfahren ohne Hitzeeinwirkung gewonnen. Es enthält die fettlöslichen Vitamine A und E. Kalt gepresste Öle haben einen niedrigen Rauchpunkt und eignen sich nicht zum Backen und Braten.

Öl, raffiniertes

Die Öle eignen sich dank des hohen Rauchpunktes zum scharfen Anbraten. Sie werden durch Warmpressung sowie die Extraktion mit Lösungsmitteln gewonnen. Das Öl muss von unerwünschten Begleitstoffen gereinigt werden.

Parieren

Mit einem scharfen Messer werden bei Fleisch-, Geflügel- und Fischstücken unerwünschte sowie nicht essbare Teile entfernt, u. a. Fleischdeckel, Sehnen, Fett und Haut.

Parüren

Die beim Parieren entstandenen Abfallprodukte werden neben Knochen für die Herstellung von Soßen, Suppen und Fonds verwendet.

Pilieren

Im Mörser werden Gewürze und Kräuter zerrieben und miteinander verbunden.

Plattieren

Mit einem Plattiereisen werden Fleischstücke flachgeklopft, ohne die Fleischfasern zu zerstören.

Pochieren

Lebensmittel werden bei niedrigen Temperaturen in ausreichend Flüssigkeit gar gezogen, häufig im Wasserbad. Es wird zwischen direktem und indirektem Pochieren unterschieden. Das Gargut wird bei direktem Pochieren bei rund 80 °C in der Flüssigkeit gegart, beim indirekten Pochieren wird es vorab in Folie eingeschlagen.

Pochieren, Eier

Per Löffel werden aufgeschlagene Eier langsam in siedendes Essigwasser gegeben. Für ein schöneres Gesamtbild werden das Eigelb sowie das Eiweiß während des Pochierens aneinandergedrückt, unregelmäßige Ränder werden später abgeschnitten.

Poelieren

Fisch, Fleisch und Geflügel werden mit Butter übergossen und mit wenig Flüssigkeit im Backofen gegart. Poelieren stellt eine Zwischenstufe zwischen Braten und Dünsten dar.

Poularde

Hühner, deren Verkaufsgewicht über 1,2 kg liegt, müssen als Poularden bezeichnet werden. Ihre Mastzeit beträgt zwischen zehn und zwölf Wochen. In den Handel gelangen sie in der Regel als ganzes Stück, jedoch ohne Innereien und Hals.

Rapieren

Mit einem scharfen Messer wird Fleisch vom Knochen sowie von Haut, Fett und Sehnen geschabt.

Rauchpunkt

Punkt, an dem Öl beim Erwärmen zu rauchen beginnt.

Reduzieren

Soßen oder Fonds werden durch das Einkochen bei leichter Hitze sowie bei geöffnetem Deckel aromatischer. Der vorhandene Wassergehalt wird verringert.

Rissolieren

Speisen werden in Butter oder Öl durch Schwenkbewegungen hellbraun angebraten.

Rogen

Bezeichnung für noch nicht abgelaichte Eier von weiblichen Fischen sowie einigen Meerestieren.

Sautieren

Fisch-, Gemüse- oder Fleischscheiben werden in einer Stielkasserolle bei hoher Hitze stark angebraten. Durch Schwenkbewegungen kommen die Stücke regelmäßig in Kontakt mit dem heißen Kochgeschirr.

Schmoren

Fisch oder Fleisch wird in heißem Fett in einem Topf oder in einem

Bräter scharf angebraten, mit Flüssigkeit, z. B. Wein oder Bratenfond, abgelöscht und bei geringer Temperatur im Backofen für mehrere Stunden gegart.

Soufflieren
Gerichte erhalten beim Garen Volumen durch das vorherige Einarbeiten von Luft. Die Speisen werden im heißen Fett mehrfach hin und her geschwenkt, damit die Oberfläche mit Fett in Berührung kommt.

Spicken
Fleischstücken werden mit einem spitzen Messer mehrere Kerben in Faserrichtung zugefügt, in die Knoblauchstücke oder Speckstreifen gesteckt werden. Alternativ wird eine spezielle Spicknadel verwendet. Hierfür werden die Speckstreifen zwischen die beiden Teile des gespaltenen Endes geklemmt. Die Speckstreifen lassen sich besser verarbeiten, wenn sie vorab einige Zeit ins Gefrierfach gelegt werden. Durch das Spicken werden mitunter Fleischfasern verletzt, sodass Saft austritt. Gespicktes Fleisch trocknet schneller aus.

Stocken lassen
Eimasse wird so lange gegart, bis sie eine feste Konsistenz annimmt. Das Garen kann im Wasserbad, in einer Bratpfanne oder im Backofen erfolgen.

Tafelspitz
Das Fleischstück stammt aus der Rinderhüfte.

Tournieren

Schneidtechnik für Obst, Gemüse und Eier, durch die gleich große Stücke erzielt werden. Das vorliegende Exemplar wird zunächst geviertelt. Die einzelnen Stücke werden anschließend mit einem gebogenen Messer halbrund eingeschnitten. Die freigelegte Seite wird mit einem geraden Schnitt abgelöst.

Tranchieren

Schneidmethode, um Geflügel in Stücke oder Scheiben zu teilen. Von gebratenem Geflügel werden mit einem Tranchiermesser oder einer Geflügelschere Schenkel sowie unterhalb der Brust die Flügel entfernt. Das Filet wird von den Knochen gelöst. Zum Fixieren des Tieres wird eine Tranchiergabel mit zwei Zinken verwendet.

Trockenmarinade

Zerkleinerte Kräuter werden mit verschiedenen Gewürzen zu einer Marinade verrührt.

Überbrühen

Lebensmittel werden mit kochendem Wasser übergossen. Hierdurch lässt sich z. B. die Haut von Tomaten besser entfernen.

Wammerl

Das Fleischstück, das auch als Bauchfleisch bekannt ist, entstammt dem Hinterviertel des Schweins und ist 5–7 cm dick. Es wird im Handel in rechteckiger Form angeboten.

Zerwirken

Methode, um Wildfleisch in küchenfertige Stücke zu zerlegen, z. B. Rücken, Filet oder Keule.

Zur Rose abkochen

Cremes, Soßen oder Eismasse werden in einem Wasserbad bei geringer Hitze aufgeschlagen. Bildet die Masse auf einem Löffelrücken beim Pusten kleine Wellen, hat sie die gewünschte Konsistenz erreicht.

Kleine Fleischkunde beim Lamm, Rind und Schwein

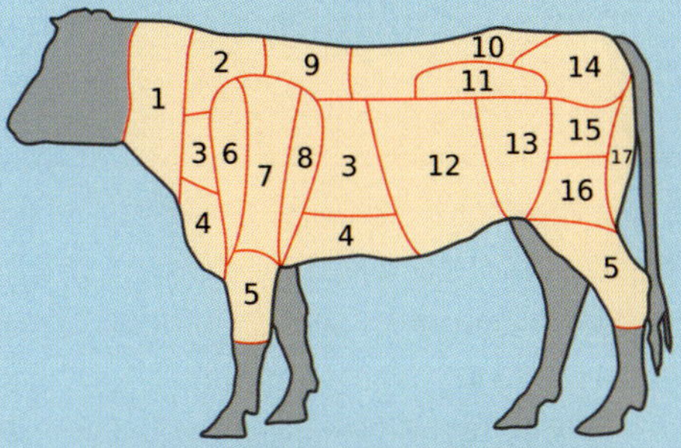

1 = Nacken, Hals
2 = Kamm, Halsgrad
3 = Querrippe, Leiter
4 = Brust
5 = Beinscheiben
6 = Schulterspitz
7 = Mittelbug
8 = Dicker Bug
9 = Hochrippe
10 = Roastbeef
11 = Filet, Lende
12 = Spannrippe,Dünnung
13 = Kugel Blume, Rose
14 = Hüfte
15 = Oberschale
16 = Unterschale
17 = Schwanzrolle

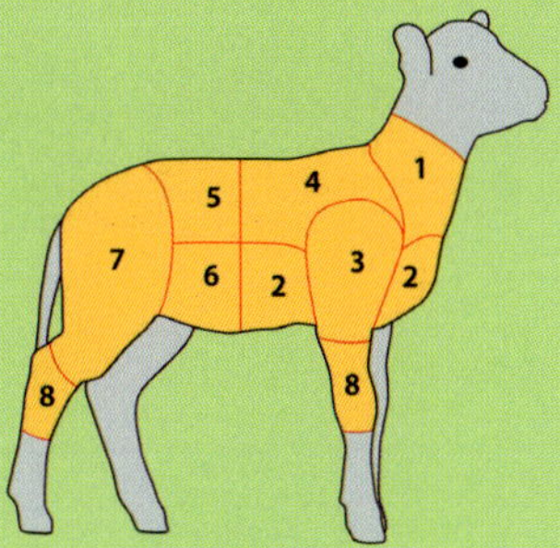

1 = Nacken, Hals
2 = Brust
3 = Schulter, Blatt, Bug
4 = Kotelett, Kamm, Mittelstück
5 = Rücken
6 = Bauch, Dünnung, Lappen
7 = Keule, Schlegel
8 = Haxe

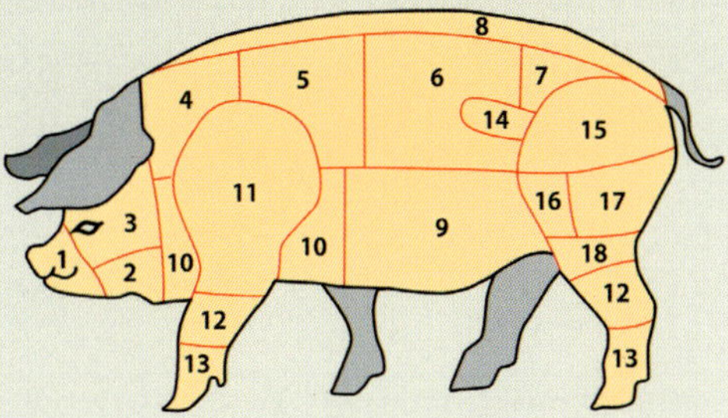

1 = Rüssel
2 = Göderl
3 = Kopf
4 = Nacken, Kamm, Schopfbraten
5 = Langes Karree
6 = Kurzes Karre
7 = Schlussbraten
8 = Rückenspeck
9 = Bauchfleisch
10 = Brust, Dicke Rippe
11 = Schulter, Bug
12 = Stelze
13 = Haxe
14 = Filet
15 = Hüfte, Schinkenspeck
16 = Kugel, Nuss, Blume
17 = Oberschale
18 = Unterschale

H

I/J

K

Bildnachweis:
© fotolia.com:
Tyler Olson U1 gr. Foto, dayves U1 u. l.; Maksim Shebeko U1 u. l., 162; PhotoSG 6, 26 o., 144, 174; Serghei Velusceac 7 o.; Igor Dutina 7 u., 25 u., 30/31; Eisenhans U4 o. l., 8/9; Marén Wischnewski 10, 133; by-studio 11 o.; Barbara Pheby 11 u., 39 u., 95; Christian Jung 13 o.,15 o., 77, 105 u.; photocrew 13 u., 32 o., 39 2. v. u., 74, 86 u., 90 o., 115 u., 156 o.; ExQuisine 14 o., 39 o., 61, 65, 79, 93 o., 94, 126 o., 151 u., 163 r., 164; Giuseppe Porzani 14 u.; valery121283 15 u.; rdnzl 16 o.; MIGUEL GARCIA SAAVED 16 u.; Ljupco Smokovski 18; Subscription_Monthly_M 19; Africa Studio 20/21, 121; viperagp 22, 82; Serhiy Shullye 23 r.; Dionisvera 23 l., 90 M., 110 r.; HLPhoto 24, 62, 66; nito 25 o.; edu_oliveros 25 M.; Ro 26 u., 124 o.; FOOD-micro 27 o., 76 o.; Birgit Reitz-Hofmann 27 u.; M.studio 28, 59, 112, 116 o., 156 u.; TwilightArtPictures 29; daffodilred 32 u., 154 u. r.; Quade 33, 70; bit24 34; andriigorulko 35 o.; Coprid 35 u.; kathrinm 36 o.; BeTa-Artworks 36 u.; kab-vision 37, 75, 147; Corinna Gissemann 38; TrudiDesign 39 2. v. o.; Photographee.eu 40; World travel images 41; vanillaechoes 42; sil007 44, 161 r.; Floydine 46, 111; karandaev 47; al62 U4 o. M., 48; Comugnero Silvana 49; Printemps 51, 67 u., 83 u.; Tim UR 52; Brebca 53; logichecreative 54; timolina 55; Subbotina Anna 56/57; fineart-collection 58; koss13 60; Frank Göllner Studio 63; stockcreations U4 u. r., 64, 69, 148; Christa Eder 67 o.; Jacek Chabraszewski 68; Alexander Raths 71, 72 u.; uwimages 72 o.; Evgenia Tiplyashina 72 M.; Boris Ryzhkov 73; Foodfotoprofi 76 u.; Unclesam 78; Sly 80; Marco Mayer 81; Lev 83 o.; bergamont 83 M.; Inga Nielsen 84, 98 o.; Andrey Starostin 85 o.; Jiri Hera 85 u. l., 122 l.; Anna Kucherova 85 u. r.; Mumpitz U4 o.r., 86 o.; PhotoEd 87; Scisetti-Alfio 88 o., 90 u. l.; margo555 88 M., 89 u.; dusk 88 u.; thanakrit 89 o., 154 u. l.; marilyn barbone 90 u. r.; mythja U1 M., 91; Grecaud Paul 92, 161 l.; marysckin 93 u.; locrifa 96/97; Cobja 98 u.; MarcoBagnoli Elflaco 99; D. Ott 100; Dan Race 101 o.; Chris leachman 101 u.; fedorovalena 102; lienkie 103; Doris Heinrichs 104 l., 134 o., 152 r.; yvdavid 104 r.; akf 105 o.; atoss 106 l.; nikitos77 106 r., 127 u.; volff 107 o.; Viktor 107 u., 151 o.; Roman Samokhin 108 o.; Kitty 108 u., 145; mates 109 o.; wiangya 109 u.; Gresei 110 l.; Jenny Sturm 113; Ildi 114; arinahabich 115 o.; philip kinsey 116 u.; DPimborough 117; Kzenon 118/119; B. and E. Dudzinscy 120; Marina Lohrbach 122 r.; Iryna Wilson 123; pit-fall U4 u. r., 124 u.; philipimage 126 u.; Eddie 127 o.; mborchert 128/129; Sabine Naumann 130; tycoon101 131 o.; Gina Sanders 131 u.; giovanniluca 132; VRD 134 u.; absolutimages 135 o.; nikolae 135 u.; Nomad_Soul 136 o.; A_Lein 136 u.; rainbow33 137; Zerbor 138 o.; Brigitte Bonaposta 138 u.; Thomas Francois 139; imagesetc 140; ninell 141; Marzia Giacobbe 142; Birgit Brandlhuber 143 o.; sarsmis 143 u.; Jeanette Dietl 146; Coloures-pic 149 o.; k3s 149 u.; AndreasB 150; jreika 152 l.; JPC-PROD 153 l.; Elena Moiseeva 153 r.; charlottelake 154 o.; Klaus Eppele 155; Lucky Dragon 157 l.; contrastwerkstatt U4 u. l., 157 r.; poko42 158; Rossella 159; taiftin 160; Cachaco 163 l.; lesniewski 165; Andrew Bayda 166/167
Kochmützenillustration: valebisba (© fotolia.com)